用销售细节赢得客户的信任

贾 富◎著

中国铁道出版社有限公司
CHINA RAILWAY PUBLISHING HOUSE CO., LTD.

图书在版编目（CIP）数据

用销售细节赢得客户的信任 / 贾富著. — 北京：中国铁道出版社有限公司，2024.5
 ISBN 978-7-113-30889-6

Ⅰ.①用… Ⅱ.①贾… Ⅲ.①销售-礼仪 Ⅳ.①F713.3

中国国家版本馆CIP数据核字（2024）第045531号

书　　名：	用销售细节赢得客户的信任
	YONG XIAOSHOU XIJIE YINGDE KEHU DE XINREN
作　　者：	贾　富

责任编辑：	吕　芠	编辑部电话：（010）51873035	电子邮箱：181729035@qq.com
封面设计：	宿　萌		
责任校对：	刘　畅		
责任印制：	赵星辰		

出版发行：中国铁道出版社有限公司（100054，北京市西城区右安门西街8号）
网　　址：http://www.tdpress.com
印　　刷：三河市宏盛印务有限公司
版　　次：2024 年 5 月第 1 版　2024 年 5 月第 1 次印刷
开　　本：710 mm×1 000 mm　1/16　印张：12.75　字数：205千
书　　号：ISBN 978-7-113-30889-6
定　　价：78.00元

版权所有　侵权必究

凡购买铁道版图书，如有印制质量问题，请与本社读者服务部联系调换。电话：（010）51873174
打击盗版举报电话：（010）63549461

前　言

"人无礼则不生,事无礼则不成,国家无礼则不宁。"礼仪的重要性不言而喻,上至国家,下至个人,人人都要知礼、懂礼、习礼、用礼。礼仪是中华民族优秀的传统美德,是人类文明进步的重要标志,也是顺应时代发展,促进个人进步与成功的重要途径。礼仪还是打开社交之门的钥匙。在人际交往中,礼仪往往是衡量一个人文明程度、修养水平、道德水平的重要标准。

《论语·季氏》中有言:"不学礼,无以立。"销售人员通过礼仪可以规范自身的言行举止,只有知礼、懂礼的销售人员才能塑造出良好的个人形象,才能向客户表达尊重与友好,才能给客户留下良好的第一印象,增进双方的了解与信任,进而促进销售的成功。知礼、懂礼甚至还可以增加销售人员的客户资源,让业绩突飞猛进。

销售是一项极具挑战性的工作,销售过程包含了从与客户见面、交谈到成交及售后服务等多个流程,包含着数不清的烦琐细节,稍有不慎便可能功败垂成。在销售过程中,销售人员的礼仪素养十分重要,很多时候甚至会超过其所掌握的产品专业知识与销售技巧。据统计,有高达80%的销售人员输在了第一印象及随后沟通中的礼节欠妥上。

一个礼仪上的细节有可能感动客户、促成交易,也有可能引起客户反感,进而失去客户。只有知礼、懂礼,用礼貌的方式与客户沟通,在销售的全过程中都注重细节,客户才会欣然接受你,才能为接下来的销售或服务铺平道路。因此,对于销售人员来说,"未曾用艺先学礼"是非常有必要的。

本书总结了销售工作需要注意的方方面面的礼仪,注重从细节入手,通过销售或服务过程中的各种场景和情景再现,多角度、立体地展现了礼仪细节。全书内容系统、翔实,实用性强,以生动的案例和点评,并结合简明扼要的礼仪要点归纳,为广大销售人员奉上一堂不可多得的礼仪培训课,适合各行各业的销售人员品读学习，也可作为礼仪培训教材。

在本书的编写过程中，迁安市政协委员会、迁安市新的社会阶层人士联谊会、唐山市台胞台属联谊会、亚太空间设计师协会、中国亚洲经济发展协会空间设计发展委员会、中国优生优育协会艺术教育工作委员会等有关部门给予了大力支持与协助。

中国亚洲经济发展协会空间设计发展委员会名誉会长王琪延、王明川，会长罗建峰、执行会长刘北光，秘书长张鑫，中国优生优育协会会长戴旭光，北京御龙古今艺术剧院院长、唯一村庄全国大型环保公益活动创始人、中国优生优育协会艺术教育工作委员会主任张凤山，中国优生优育协会艺术教育工作委员会执行主任李佳，唐山市台胞台属联谊会会长韩宏，迁安市新的社会阶层人士联谊会会长李建东，北京下午茶文化传播有限公司创始人孙鹏，北京商企汇文化交流中心秘书长王涛，京畿旅游媒体联盟创始人刘国伟等领导为本书提出了很多宝贵的意见和建议，在此一并表示感谢。

此外，还要特别感谢爱妻郭新梅及女儿贾家琪、儿子贾昊辰，你们承担了家务并带给我快乐，使我能够全身心地投入写作之中，带给了我前进的动力。还要感谢出版社的各位老师，是你们的辛勤付出和一丝不苟的工作态度才让本书的出版成为可能。

由于本人水平有限，且时间仓促，书中难免存在一些不足之处，恳请各位读者给予批评指正。如果您在礼仪、营销等方面有任何问题和建议，欢迎随时与我交流。我的微博：红叶哥-贾富；微信：hongyegejiafu；电子邮箱：jiafugz@163.com。

贾 富

2024 年 3 月

目 录

第1章 礼仪：销售人员的制胜法宝 ... 001

1.1 礼仪——社交的基本元素 ... 001
1.2 何谓销售礼仪 ... 002
1.3 礼仪是销售的基础 ... 003
1.4 礼仪是成交的心理保障 ... 005
1.5 礼仪：成交的法宝 ... 006

第2章 仪表礼仪：第一印象效应 ... 008

2.1 销售领域的"第一印象效应" ... 008
2.2 形象设计四大原则：为成功的销售人员设计形象 ... 010
2.3 仪表美：男士仪容仪表礼仪 ... 012
2.4 仪表美：女士仪容仪表礼仪 ... 014
2.5 销售人员着装的TPO原则 ... 015
2.6 人靠衣装——男销售人员的着装规范 ... 017
2.7 人靠衣装——女销售人员的着装规范 ... 021
2.8 细节决定成败：养成良好的卫生习惯 ... 023
2.9 饰物佩戴有讲究 ... 025

第3章 形体礼仪：举手投足间流露出一种优雅 030

3.1 体态语背后现礼节 030
3.2 破解形体礼仪密码：站姿、坐姿、蹲姿、走姿的技巧 033
3.3 男士形体礼仪标准 037
3.4 女士形体礼仪标准 038
3.5 握手：这五秒意味着经济效益 039
3.6 眼神：传递内心热情的第一通道 043
3.7 微笑：最有效的销售礼仪 046
3.8 幽默，也是一种美 048

第4章 客户拜访礼仪：销售人员迈向成功的关键一步 051

4.1 拜访礼仪：因场合而不同 051
4.2 握手礼仪：手掌上的心灵互动 053
4.3 称呼礼仪：合乎常规，入乡随俗 055
4.4 寒暄与问候礼仪：春风化雨的力量 057
4.5 介绍礼仪：由陌生而熟悉的必由之路 061
4.6 名片：销售活动的"身份证" 066
4.7 等待会见时的礼仪规范 070
4.8 告辞礼仪：礼貌地说再见 071
4.9 销售拜访时的礼仪禁忌 072

第5章 销售接待礼仪：你准备好了吗 074

5.1 最基本的接待礼仪：对待客户要一视同仁 074
5.2 接待来访人员的礼仪：做好充分准备 076
5.3 因人而异：不同类型客户的接待礼仪 077
5.4 迎接礼仪：笑脸相迎的艺术 080
5.5 接待礼仪：给人一种宾至如归的感觉 081

5.6 招待礼仪：来宾接待的重中之重 083
5.7 店铺销售中的迎宾礼仪 086
5.8 店铺销售中的接待礼仪 087
5.9 店铺销售中的送客礼仪 092

第6章 交谈礼仪：务必要言之有"礼" 094

6.1 谈话礼仪：听其言，观其行 094
6.2 开场白礼仪：好的开场是成功的一半 097
6.3 交谈中发表不同意见的礼仪 100
6.4 说服礼仪：依靠理性和情感的力量 102
6.5 把握说话时插话的分寸 104
6.6 以礼相拒更有效 106
6.7 倾听，也是一种礼仪 108
6.8 留意客户的眼神：打开对方心灵的窗户 111
6.9 店铺销售中的交谈礼仪 114
6.10 交谈礼仪中应避开的"雷区" 117

第7章 电话销售礼仪：一线万金的礼仪艺术 119

7.1 塑造一种亲和的电话销售形象 119
7.2 电话预约礼仪：不是可有可无的 120
7.3 接听电话礼仪：铃响不过三 124
7.4 打电话的礼仪：你会打电话吗 126
7.5 挂断电话的礼仪：不可粗枝大叶 129
7.6 手机使用礼仪：拿出手机，秀出礼仪 131
7.7 电话中的拒绝礼仪：让人心悦诚服地接受 133
7.8 逐一化解影响通话效果的因素 136
7.9 电话销售的礼仪禁忌 138

第 8 章 宴请礼仪：餐桌上的销售艺术 141

8.1 出席宴请的礼仪：不要"见食忘礼" 141
8.2 宴请客户的礼仪：强化关系的关键 144
8.3 中餐宴请礼仪：突出中国特色 149
8.4 西餐宴请礼仪：熟知规矩，以免贻笑大方 156
8.5 自助餐礼仪，是否知礼节，一餐见分晓 160
8.6 鸡尾酒会礼仪：美酒怎可少了礼仪 162
8.7 饮酒礼仪：头脑清醒，切忌贪杯 164
8.8 敬酒礼仪：切不可强人所难 166
8.9 喝咖啡的礼仪：如何才能喝出情调 168
8.10 饮茶礼仪：酒满茶半，以茶表敬意 170

第 9 章 客户关系维护和售后服务礼仪：让你的形象更完美 173

9.1 成交礼仪：捕捉信号，促成交易 173
9.2 签约礼仪：客户购买的是"人" 175
9.3 致谢礼仪：不可得意忘"形" 177
9.4 客户关系维护礼仪：精益服务 181
9.5 售后服务礼仪，本身也是一种促销手段 185
9.6 探病礼仪：莫让好意变坏事 188
9.7 投诉处理的礼仪规范 190

第 1 章
礼仪：销售人员的制胜法宝

1.1 礼仪——社交的基本元素

什么是礼仪？礼仪有什么作用？对此，古人及先贤有各种各样的论调，比如古人认为"礼出于俗，俗化为礼"；子曰"礼云礼云，玉帛云乎哉？乐云乐云，钟鼓云乎哉？"；《孝经》上则说"礼者，敬而已矣"；《三字经》中指出"勿不敬，俨若思"。

中国是礼仪之邦，讲"礼"重"仪"是中华民族世代相传的优秀传统。早在西周时期，就诞生了中国历史上第一部记载"礼"的书籍——《周礼》。明朝建立后，礼仪之风盛行，朱元璋大力推崇礼数，并制定了祭祖、祭天、祀年等仪式议程，明确了"君臣之礼""尊卑之礼""交友之礼"等社会活动规范，礼仪开始向更深层次发展。

"融四岁，能让梨。弟于长，宜先知。"孔融让梨的故事流传千古、妇孺皆知，这种礼让精神也是古人"礼"的一种基本精神。

从礼仪不断发展变化的过程来看，可以理解为礼仪是人们在人际交往中为了互相尊重而约定俗成、共同认可的行为规范、准则和程序，是礼貌、礼节、仪表和仪式的总称。它在社会交往中以建立和谐关系为目的，是各种符合礼的精神及要求的行为准则或规范的总和。

从古至今，人们都非常重视礼仪。文明礼仪可以帮助我们规范言谈举止，学会待人接物，帮助我们塑造良好形象，同时赢得社会尊重。所以说，知礼、懂礼，注重文明礼仪，是每个人立足社会的基本前提之一，也是人们成就事业、获得美好人生的重要条件。

追求和谐亲密的人际关系是人类的共同本性，这样才能与他人友好相处、合作共事。现代社会，人与人之间的交往日益频繁，也更讲究礼仪和礼尚往来，这对于营造和谐的人际关系显得尤为重要。

另外，社会交往的过程还是一个双方互相认识的过程，只有通过交往，才有可能去观察他人、分析他人、了解他人，才能理解他人的需要、动机、目的、理想和信念。社交礼仪更多的时候能体现出一个人的教养和品位。良好的社交礼仪还能消除社交距离、增进感情、顺畅沟通，能从对方那里获取丰富的信息，捕捉到成功的条件和因素。

社交礼仪还是建立商业合作等关系的纽带。学习并掌握社交礼仪，自觉执行社交礼仪规范，这样在人际交往中就容易与对方沟通，使人际交往获得成功，进而有助于合作及事业上获得成功。从上面这些角度综合来看，礼仪也是社交的基本元素。

1.2 何谓销售礼仪

从古至今，大家对礼仪有不同的认识。例如，《礼记》中提到，"礼者，敬人也；仪者，形式也"，认为礼仪的基本要求是尊重和关心。

一般来说，礼仪是一种行为规范或行为模式，是大家共同遵守的契约或达成的共识，是在人际交往中以一定的、约定俗成的程序方式来表现的律己敬人的过程，涉及穿着、交往、沟通等多方面的内容。

销售礼仪可以简单理解为销售人员在销售活动中应该遵守的行为规范和准则，它是销售人员在工作岗位上通过仪容仪表、言行举止等充分表现出对客户尊重和友好的行为规范与惯例。

销售人员是商品的传播源和载体，销售活动实际上是在人际交往过程中完成商品的销售和服务的过程。销售礼仪指导和协调销售人员要在销售活动中实施有利于处理客户关系的言行举止，让客户产生心理愉悦感。

礼仪是一个人的思想道德水平、文化修养、交际能力及精神面貌的外在表现。对于销售人员来说，销售首先推销的其实是自己。自己不仅是产品的形象代言人，还时刻代表了公司的形象，代表了产品的品质，代表了积极向上的精神。要想销售成功，实现业务的持续发展，除了掌握专业的产品知识外，人格魅力也同样不可或缺。通过加强自身修养，注重礼节，由内而外折射出的亲和力和感召力也是销售成功的重要条件之一。在整个销售过程中，如果将自己的不良形象展示出去，那么你将失去向客户介绍产品的机会。

有的销售人员认为礼仪是正式场合才需注意的各种礼仪细节，这种认识是错误的。礼仪不仅仅在正式场合需要注重，在日常的工作、生活中同样也要讲究礼仪。因为优雅的礼仪会让你成为一个有修养、有魅力、处处受欢迎的人，这是一笔让你终身受益的重要财富。对于销售人员来说更应如此，在待人接物时做到文雅而和善，以宽广博大的胸怀和从容淡定的心态对待客户。只有树立了有内涵、有修养的良好形象，客户才会欣然接受你，给你销售与服务的机会。

销售礼仪包括礼貌、礼节、仪表、仪态、仪式等。其中，礼貌，是人们在相互交往过程中表示敬重、友好的规范；礼节，是人们在社会交往过程中表示致意、问候、祝愿等惯用形式；仪表和仪态，是人的外表和姿态，如容貌、服饰、站姿、坐姿等；仪式，是在一定的场合举行的具有专门程序的规范化的活动，比如宴请仪式、签约仪式等。方方面面的销售礼仪知识都将在后面的章节中详细介绍。

1.3 礼仪是销售的基础

礼仪可以塑造销售人员良好的个人形象，给客户留下良好的第一印象，让销售人员在销售开始之前就赢得客户的好感。如果留给对方的第一印象良好，就有了一个良好的开端。如果给客户留下的第一印象非常糟糕，就会给接下来的销售工作蒙上阴影，而且这种印象难以改变。销售人员要想给客户留下良好的第一印象，一定要注意着装、装扮、谈吐和举动。

在销售过程中的不同环节，礼仪还有着特殊的作用。例如，礼仪可以帮销售人员从细节上区分客户的心理，从而与客户的沟通更加顺畅，打交道更加得心应手，赢得客户的好感、信任与尊重。对于销售人员来说，没有什么比赢得客户的信任更重要了。

另外，只有注重礼仪和灵活运用礼仪，才能避免或及时挽救客户的异议和投诉。从上述这些角度来说，礼仪是销售的基础。销售人员可根据销售对象的特点，选择并恰当运用服饰、表情、姿态、手势、语言等礼仪，以期获得客户的好感和信任，从而达成销售的目标。

对于销售人员来说，礼仪有如下几大作用。

• 有助于提高销售人员的自身修养与个人素质。通过一个人对礼仪运用的程度，可以观察出他的文明程度及道德水准，因为礼仪不仅反映着一个人的交际技巧与应变能力，还反映着一个人的气质风度、道德情操和精神风貌。销售人员学习礼仪、运用礼仪，有助于提高自身修养，提高文明程度，使谈吐变得越来越文明，举止变得越来越优雅。

• 有助于塑造良好的销售形象。个人形象是一个人着装、仪容、表情、举止、谈吐、教养的集合体，礼仪在这些方面都有详尽的规范。销售人员学习礼仪、运用礼仪，有助于维护个人形象，展示优雅风度，美化自身，从而让交往过程更加和谐、人际关系更加和睦。

• 有助于满足客户的精神需求。销售及服务的过程不仅是卖出商品的货币交换过程，而且是人与人之间的情感交流过程。一句亲切的问候、一次理解的微笑，都可以缩短与客户之间的心理距离。从一定意义上来说，规范化的礼仪服务能够最大限度地满足客户在购物过程中的精神需求。

• 有助于建立起和谐的关系，促进销售成功。在销售过程中，客户一般对尊重自己的人有一种本能的亲切感和认同感，尊重客户就会让对方在心理需要上得到满足和愉悦，从而对销售人员产生好感和信任，这样能够使销售人员与客户之间更好地进行交流与沟通，有助于销售成功。当销售人员向客户表示尊敬和敬意时，对方也会还之以礼。可以说，礼仪是服务关系和谐发展的调节器、润滑剂，注重服务的礼仪有助于建立起和谐的关系。

• 有助于塑造企业形象。销售礼仪是企业价值观、道德观、员工整体素质的整体体现，也是一家企业文明程度的标志。销售礼仪可以强化企业的道德要求，从而树立企业的良好形象。

• 有助于提高销售业绩。很多销售人员在销售时不注重礼仪，这样是不对的。标准的礼仪对销售起到至关重要的作用，它能够显示出公司或店铺的正规，显示出员工的专业，能够给客户带来信任感和良好的第一印象。在销售过程中，标准、细致的服务礼仪能让客户时刻感受到自己受到重视和关注，这种无微不至的服务能加速客户购买的决心。在客户购买之后，注重客户关系维护还会使客户感到意外和惊喜。这样一次完美的购物体验无疑会让客户对你更加忠诚，同时也会让客户给你带来源源不断的新客户。

1.4 礼仪是成交的心理保障

对于销售人员来说，礼仪不仅是一张社交场合的通行证，而且在与客户交流、交往的过程中发挥着越来越重要的作用。

销售人员要明白，自己不仅仅要卖产品，更重要的是为客户提供服务，不断向客户传递情感、关怀。在与陌生人初次交往时，礼仪可以表达出尊重，从而增进交往。当出现争议与冲突时，礼仪还可以缓解消极情绪，从而化解冲突。销售人员要学会揣测客户的心理，从客户身上的各种仪容仪表细节，比如穿着配饰、行为表情等，来判断客户的消费习惯和需求层次，与客户建立信任感，最终实现成交。

销售礼仪直接影响了销售人员在客户心中的第一印象。对于销售人员来说，第一印象极为重要，因为你给客户的第一印象往往会决定销售的成败。客户一旦对你产生好感，便会放下心理的戒备，自然会对你和你推销的产品有好感。掌握礼仪是销售人员必备的素质，而礼仪也是成交的心理保障，它主要有以下几个作用。

1. 仪表让你得到客户的尊重与好感

在与客户见面时，对方首先看到的是你的容貌、衣着等仪表形象。销售人员能否得到客户的尊重与好感，并得到客户的承认和赞许，仪表起着十分重要的作用。你的着装打扮会有意或无意中在客户心里形成某种感觉和印象，这可能是让人愉快的，也可能是让人厌恶的。

良好的形象是外表得体与内涵丰富的统一。外貌整洁、干净利落，就会给客户留下仪表堂堂、精神焕发的印象。但销售人员要注意，注重仪表并不需要穿名贵的衣服，也不需要刻意讲究，一般做到朴素、整洁、大方、自然即可。

2. 举止礼仪展现你的态度

举止礼仪是销售人员自我心态的表现，一个人的外在举止可直接表明他的态度。销售人员要树立良好的交际形象，必须讲究礼貌礼节，要时刻注意自己的行为举止。销售人员要做到彬彬有礼、落落大方，遵守各种常见礼节，尽量避免各种不礼貌或不文明行为，这样才有助于销售与成交。

3. 谈吐礼仪要让客户感到亲切、自然

要想成为一名优秀的销售人员，必须掌握一些基本的交谈原则与技巧，特别是谈吐的基本礼节。在拜访客户或其他交际场合中，交谈时态度要诚恳热情，措辞要准确得体，语言要文雅谦恭，而不要含糊其词、吞吞吐吐，也不要信口开河、出言不逊。当然，学会倾听也很重要。俗话说"说三分，听七分"，一定要给客户留下说话的机会，从客户的谈话中获取更多信息，从而改进沟通方式，最终促成交易。

1.5 礼仪：成交的法宝

礼仪既是销售人员应具备的基本素质，也是销售活动中应遵循的行为准则，更是销售人员销售成交的法宝。在销售过程中，销售人员严格用销售礼仪来约束

自己，用完美的销售礼仪对待客户，这样才能取得销售的成功。

在产品性能和质量日趋同质化的情况下，企业之间的竞争更多地体现在服务质量的竞争上。同样的产品，客户自然会选择服务质量好的企业。而服务质量的高低在很大程度上取决于销售人员对于礼仪知识的掌握和运用情况，取决于销售人员有没有服务意识和礼仪意识。

第 2 章

仪表礼仪：第一印象效应

2.1 销售领域的"第一印象效应"

有一个著名的"第一印象效应"理论，这一理论也被称为"首因效应"，表明交往双方形成的第一印象对今后交往关系的影响。在你留给一个人的所有印象之中，第一印象的作用最强，持续的时间也最长。第一印象一旦建立起来，对后面获得信息的理解和运用有着强烈的定向作用，往往会成为双方日后交往的依据。

在社会交往及销售过程中，第一印象对双方以后的交往关系有着很大的影响。某项研究统计结果显示，在销售失败的原因当中，有 80% 的原因是销售人员留给客户的第一印象不好。客户往往会与形象好的销售人员进行愉快的交谈并达成交易，而对形象差的销售人员大多直接或委婉地予以拒绝。因为在生活节奏加快的今天，客户大多不愿意花更多时间去了解、证实第一印象不太好的人。这也意味着，在很多时候，销售人员还没有开口介绍产品或服务，客户就已经决定不与他进行沟通和交流了，何谈销售成功呢？

作为销售人员，你应该明白，自己永远没有机会给客户再次塑造全新的第一印象。因此，销售人员在第一次拜访客户的时候，就要给客户留下良好的第一印象，让自己先得到客户的认可，接下来的销售过程就会事半功倍。

> 小林的高中同学文强经营着一家装修公司，公司规模虽然不大，但是他们的装修设计方案获过一些奖项，小有实力。最近，小林的一个老客户要装修办公室，小林想到文强从事这一行业，便把文强介绍给了客户。在约定见面的那天早上，文强迟到了几分钟，一进门就道歉："昨天有一个急活儿，一直忙到半夜，所以迟到了，不好意思，让您久等了。"迟到几分钟不是大问题，而文强的仪表可让小林十分头疼：皱巴巴的西服还有点儿脏，睡觉时被压得翘起来的头发也没有梳理，脚上穿的还是一双运动鞋。顾不上那么多了，小林赶紧给双方相互介绍。
>
> 客户板着脸，简单地向文强介绍了户型和面积，听完文强的介绍之后，回复道："我跟合伙人商量一下再决定。"小林一听就知道没戏了。果不其然，后来客户对小林说："这样的形象还能拿奖？奖项不会是花钱买的吧？"小林只能随声附和。
>
> 后来，小林给文强打电话说："文强，以后出门之前先捯饬一下你的外表。这次是你的形象害了你，以后可一定要注意啊！"从此以后，文强吸取了教训，每次见客户都打扮得十分得体。

在销售过程中，无论你销售什么产品，也不管客户属于什么类型，悟透了"第一印象效应"这一理论，你就会明白给客户留下良好的第一印象是至关重要的。那么，如何给客户留下良好的第一印象呢？

1. 注重仪表，穿着得体

在一般情况下，人们都愿意同衣着干净整洁、态度落落大方的人接触和交往。在外表形象方面，销售人员应该做到穿着得体、服饰整洁、大方自然。在仪态方面，牙齿要清洁、口腔无异味，必要时吃一颗口香糖保持口气清新。鼻毛如果过长，也要提前修剪。眼角不可有眼屎。最好也不要有黑眼圈。更不要留怪异的发型。

2. 谈吐不凡，微笑自然

销售人员在第一次与客户交谈的时候，态度一定要谦逊、恭谨，交谈也要自然，不要刻意。但注意不要过于客气，否则会制造紧张气氛，影响与客户的沟通。在说话时，切忌语速太快、语气无力、含糊不清。另外，保持微笑也很重要，可以调节沟通的气氛。

3. 注重身体语言

在形成第一印象的众多因素中，身体语言的重要性仅次于外表的吸引力，所以，销售人员一定要注重自己的身体语言。身体语言包括目光、面部表情、握手、对视、身体之间的距离等。恰当的身体语言可以表现出销售人员的专业和素质，比如握手力度要适中，不要敷衍了事或因过度紧张而力气变大；坐的时候双脚要着地；不管是坐下还是站立，手臂都不要交叉；还要注意眼神接触，跟客户有目光交流时不要闪烁不定，要时刻表现出你的自信。

2.2 形象设计四大原则：为成功的销售人员设计形象

"良好的第一印象是登堂入室的门票"，在客户面前建立起良好的第一印象，成功就会变得很容易。既然第一印象如此重要，那么如何为成功的销售人员设计形象呢？可以参考以下形象设计四大原则。

1. 整体性原则

- 内外结合。外在形象与内在精神应该结合为一个整体，不能貌合神离。
- 实用为上。形象设计要符合所处场合的需要，符合社会大众的审美需要，符合社会角色的需要。
- 区分场合。在正式、严肃的场合，一般穿西服套装；在社交场合，可以穿时尚、有个性的衣服；在休闲场合，着装可以随便一些，以舒适、自然为主。
- 遵守惯例，入乡随俗。不同的地区有不同的习惯，销售人员到这些地区拜访客户，要遵守当地的着装规范与礼仪。

- 男女有别。男性的整体形象设计要遵循以阳刚之美为主，刚柔相济、刚中有柔的原则；而女性的整体形象设计则要遵循以阴柔之美为主，柔中有刚、刚柔相济的原则。
- 整体上要做到完美、和谐、相互呼应，而不应该各个部分"自成一体"。
- 要恪守约定俗成的搭配。例如，穿西装时一定要搭配皮鞋，而不要穿布鞋、凉鞋、运动鞋，更不要穿拖鞋。

2. 自然和谐与文明原则

美是使人惬意的东西，自然美才是真正的美，自然和谐的美才是最吸引人的。无论是服装还是配饰，无论是发型还是妆容，无论是色彩还是风格，从头到脚的每一处细节，在形象打造上都要产生"美"的愉悦感。

"金无足赤，人无完人"，每个人都或多或少有这样或那样的形体缺陷，这就要求在形象设计中综合考虑个人的不同特质，比如性别、年龄、身高、体形、肤色、气质、社会环境、文化素养等，找出体现内在精神的重点。通过不同的造型、发型、服装、美容、化妆、饰物和仪态风度、语言的自我修养等方面，实现和谐与自然。

此外，形象设计也要遵守文明原则，要遵守社会的道德传统和常规做法。例如，不可带有刺青及文身；在穿着方面，切忌穿着过于暴露、过透、过紧、过短的衣服等。

3. 实用性与经济性原则

形象设计要注重实用性。在进行形象设计时要考虑到生活与工作的实际情况，不能华而不实。注重实用性是指要符合社会角色的需要，符合所处场合的需要，符合社会大众的审美需要。

经济性原则在形象设计中同样也要考虑。销售人员为了适应各种场合的需要，往往需要准备不同的服饰与造型设计。如果一味追求高端、大气、上档次，相信很多人都无法承受。所以说，只有那些低成本、高质量的形象设计才是最适合销售人员的。

4. 突出个性原则

每个人都有不同的形体、不同的气质、不同的性格、不同的文化素养，有的活泼、开朗、豪爽，有的儒雅、沉静、内向，有的诙谐幽默，有的朴实憨厚，有的精明能干……每个人的形体与容貌都是千差万别的，性格与气质也是多种多样的。每个人都拥有独一无二的容貌气质与内涵修养，所以，销售人员在进行形象设计时，在符合环境、场合需要的前提下，可以增加一些体现自己个性化形象的元素，切忌千篇一律。

没有个性的形象是缺乏活力的，只有结合个性特征的形象设计才是真正意义上的形象设计。形象设计除了要符合身份（性别、职业、年龄）外，还要扬长避短，这也是个性原则的要求。因为每个人的身材、脸形、肤色、年龄都不一样，比如高瘦体形，不适宜穿着垂直线条的衣服，也要避免窄小、紧身、包身的衣服；而身材矮小的体型要避免穿着水平线条的衣服，最好选用单色组合，鞋、袜、裤或裙等最好为同一颜色。

2.3 仪表美：男士仪容仪表礼仪

有一个著名的"7∶38∶55"法则，即在影响一个人印象的所有因素中，55%取决于外表，包括服装、个人面貌、体形等；38%取决于个人表现，包括语气、语调、手势、站姿、动作、坐姿等；只有7%才是在与他人沟通的过程中想要表达的内容。由此可见仪容仪表的重要性。

仪容仪表是一个人呈现出来的外观，通常是这个人的外部轮廓、容貌、表情、服饰和举止的总和。仪容通常是指一个人的外观、外貌。仪表则是一个人精神面貌的外在表现，是指一个人的仪容和外表，包含容貌、姿态、服饰等从头到脚的多个方面，是构成交际第一印象的基本因素。在各种交往活动中，仪容仪表都会引起客户的特别关注，也会影响对方到对销售人员的整体评价。

对仪容仪表的整体要求是既要做到自然美、内在美，也要做到修饰美。修饰仪容的基本规则是要做到美观、整洁、卫生、得体。下面来看一下男士的仪容仪表礼仪规范要点。

1. 对头发及发型的要求

男士的头发要做到整洁、干净、发型大方、不怪异，这是最基本的要求。

- 根据自己的脸形、肤色、体形、场合等因素来选择适合自己的发型。发型还要符合自己的身份，比如销售人员与销售总监、销售经理的发型就不一样。
- 头发不应该过长，前部的头发不要遮住眉毛，两侧要露出耳朵，后部的头发不要长过衣领上部，并且要注意经常修饰、修理。

2. 对面部修饰的要求

面部要干净、整洁、大方，给人健康、舒适的感觉。

- 脸要洁净，无明显粉刺。
- 眼角无眼屎，没有黑眼袋，不要斜视，不要有睡意。如果佩戴眼镜，那么眼镜也要端正、洁净明亮。
- 耳朵内外要干净，无耳屎。
- 鼻孔要干净，不要有鼻涕。鼻毛也要修理，不要外露。
- 胡子一定要刮干净，不要留八字胡及其他怪状胡子。
- 牙齿要整齐洁白，口中无异味。在会客前可嚼一颗口香糖清新口气。

3. 对肢体方面的要求

- 手部要保持清洁，要经常洗手、不残存污垢，要经常修剪指甲，不要留长指甲。
- 不光腿、光脚。

4. 对表情方面的要求

- 眼神要做到目中有人。一般近距离（两米以内）交谈时要看对方的眼睛或者头部。

- 笑要有分寸。保持微笑是最佳状态。关于笑要把握的原则就是"当笑则笑",不该笑的时候别笑。

5. 仪容的四大禁忌

- 忌咳嗽、打喷嚏,更不要随地吐痰。忌不停地接打电话,重要来电先征得对方同意,并表示歉意。忌不停地看手表。
- 在商务场合忌抠鼻子、剔指甲、剔牙齿,忌打哈欠、吃零食。
- 在交流时忌咬指甲、哼小曲、吹口哨、喃喃自语、玩饰物。
- 忌大声说话、粗言秽语、说大话。

仪容仪表还包括着装礼仪、站姿、坐姿等形体礼仪规范,在后面会有专门章节进行介绍,这里先略过不讲。

2.4 仪表美:女士仪容仪表礼仪

女士的仪容仪表规范也包括发型、面部、肢体等多个方面,有些要求与男士的规范相同,不过也有一些细节值得注意。

1. 对头发及发型的要求

- 女士的发型发式应该保持美观、大方。应保持头发自然的颜色。
- 不要留怪异的发型,头发要梳洗整齐。
- 应梳理整齐,并将头发梳至耳后,不遮挡面部和耳部。

2. 对面部修饰的要求

- 面部应保持清洁。
- 选择与自己气质、脸形、年龄等相符的化妆方法,妆容要自然、协调。
- 浓、淡妆要根据场合、时间等因素来确定。例如,商务正式场合需要化淡妆,而宴会、晚会场合可以化浓妆。
- 不要在公共场所化妆,更不要在男士面前化妆。

- 口红或唇彩应选择与服装相配，亮丽、自然的颜色。

3. 对手部及饰物的要求

- 应随时保持手部清洁。
- 指甲不宜长，以从手心正面看不到指甲为宜。
- 可使用指甲油，但以呈现透明色为佳。
- 可佩戴一条简单、优雅的项链。
- 可佩戴简单的腕式手表，可佩戴小巧精致的耳钉。
- 允许戴一枚简单的戒指。

关于着装、站姿、走姿、坐姿等要求，后面将有单独章节进行详细介绍，此处略过不讲。

2.5 销售人员着装的 TPO 原则

着装是一个人精神面貌、性格特征等具体而集中的表现，也是影响第一印象的重要因素。TPO 原则被认为是世界公认的着装审美原则，销售人员要想让着装后的形象富有神韵和魅力，一定要遵守这一原则。TPO 来自 time（时间）、place（地点）、occasion（场合）三个英文单词首字母的缩写，意指着装时要兼顾时间、地点、场合三大因素，并应力求使自己的着装及具体款式与着装的时间、地点、目的协调一致。

1.TPO 原则之 T 原则

T 是英文单词 time 的首字母的大写，通常指时间、时期、时令等。也就是说，销售人员的着装要应时，在进行形象设计时要有时代感、年龄感、季节感，要符合多数人的审美观念，不要太超前或者落后于这个时代的流行风格。

- 适应一天当中时间的变化。在日间，销售人员拜访客户、谈判及出席一些严肃且重要的场合，着装应当合身、庄重、严谨。以女性为例，早上、日间和晚上的着装是不一样的，不要一天到晚都穿着一套工装不换。当白天会见客户时，女士应穿着正式套装，以体现专业性。而当晚上出席宴会、鸡尾酒会时，就需要更换一下着装与形象，比如穿上一双高跟鞋、戴上有光泽的佩饰、围一条漂亮的丝巾等。如果身着工装出席，则会给人留下随随便便、不懂规矩的印象。而对于一般的人际往来，如果严肃着装，就会与他人产生距离感，形成交际的隔离带。

• 适应一年当中四季的变化。这很容易理解，一年当中春、夏、秋、冬四季的气候、温度、湿度均有显著的差异，着装自然也要有所区分，千万不要为了引人注目而违背季节的穿衣规律。例如，女销售人员为了吸引人关注，冬季也穿短裙，这在商务场合可能显得不协调、不得体。

• 符合时代的差异。符合时代潮流的着装是不是不适合销售人员？答案当然是否定的。我们往往会从出色的销售人员身上感受到更强烈的时代感、潮流感。虽然一味地跟着潮流走不一定会产生好的效果，但若背离时代的特点和大众的审美，绝对会让你显得格格不入。要注意，符合时代、时尚、潮流的前提是着装要符合自身的气质，时尚却不浮夸，标新绝不立异。

2.TPO 原则之 P 原则

P 是英文单词 place 的首字母的大写，通常泛指地点、地域、场所。

• 地点、场所不同，销售人员的着装也要有所区别。特定的环境应搭配与之相适应、相协调的服饰，才能获得视觉上和心理上的和谐美感。在豪华酒店铺着丝绒地毯的大厅里，在绿草丛生的公园中，在宁静的疗养院里，抑或在喧闹的游乐场中，在农村，在城市，在异国他乡……这些不同的地点与场所，服饰与形象都应该与之相协调。

• 遵循差旅地的习俗。不同国家、地区之间的风俗差异很大，在出差前如果对当地的禁忌等没有了解，则很可能会惹出麻烦。例如，前往着装保守的国家，如果商务女性像平日一样穿着短裙，就会引发当地人的反感，甚至会被驱逐。

这一原则要求在进行形象设计时要注意自身的职业、身份。例如，销售人员与销售总监、公司 CEO 如果同时出现在同一场合中，那么其着装应该有所不同，能够让人一眼分辨出来。

3.TPO 原则之 O 原则

O 是英文单词 occasion 的首字母的大写，通常指场合、对象。这一原则要求着装和形象要与出席的场合相协调，如工作场合的着装要与职业相协调，社交场合的着装应根据所处场合气氛的变化来选择服饰。

- 不同场合与气氛的着装原则。不同的场合与气氛（如上班、居家、喜庆、悲伤、热烈或严肃）都有与之相匹配的一些约定俗成的礼仪规范。

办公场合的着装应该庄重、保守（套装、西装、工作服、制服、长裤长裙）。
社交场合的着装可以彰显时尚、个性（时装、礼服、民族服饰）。
休闲场合的着装应该舒适、自然（运动装、休闲装）。

- 与客户会谈、参加正式会议等，衣着应庄重、考究；而听音乐会或看芭蕾舞，则应按惯例着正装；而女销售人员出席正式宴会，则可以穿中国的传统旗袍或西方的长裙晚礼服。

例如，在客户的公司年会表彰上，大多数人着正装出席，赵女士也受邀参加，她着长袍或者裙装出席显然不合适。正式场合给人严肃、认真、庄重的感觉，一般着正装，举止要文雅，谈吐要大方。而参加客户公司的联欢晚会则可以着装活泼、色调明快，与轻松活泼的氛围相适应。

- 在客户的乔迁贺喜、拜年、节日、舞会、吊唁、慰问等不同的隆重场合，气氛与情绪上的差异非常大，并不是一套西装（工装）就可以全部应付的，要选择不同的着装才不会显得尴尬。

2.6 人靠衣装——男销售人员的着装规范

常言道，人靠衣装马靠鞍。衣服是人的第二张皮肤。世界知名服装心理学家高莱说："着装是自我的镜子。"因为着装不仅反映了一个人的社会地位、身份、职业、爱好，而且反映了一个人的文化素养、个性和审美品位。影响第一印象元素中的 80% 来自着装，所以，销售人员一定要时刻注意自己的着装规范。

在中国，男士着装在 20 世纪 70 年代以前以中山装为主。后来，西装成为大多数社交活动中的国际性礼服，也成为销售人员的职业装。在现实的销售过程中，个别销售人员在和客户商谈时，身穿运动装、牛仔装或休闲装，这些都是不恰当的。

1. 男士着装总原则

要以西装的颜色为整体形象的主色调，衬衫、领带、皮鞋、袜子、皮带的颜色必须与西装的颜色相匹配，一般不要超过三种颜色。

2. 选择西装的原则

不同的场合可以选择不同颜色与款式的西装。一般来说，选择西装的原则是面料挺括、颜色和谐、做工精细，这样才会给人留下诚实可靠、精明能干的印象。

3. 西装样式的选择

- 单排扣西装与双排扣西装。要根据自己的身型、出席的场合等来选择适合自己的西装款式。单排扣西装会显得穿着者身材修长，更受欢迎。目前，单排扣西装的应用场合最多，但参加宴会或者私下聚餐时大多着双排扣西装。

- 扣子数量的选择。单排扣西装根据扣子数量可分为一粒扣西装、两粒扣西装和三粒扣西装。

单排一粒扣西装的扣子可以扣上，也可以不扣。扣上会显得比较端庄，不扣则显得潇洒十足。一般在站立时需要扣上，而在坐下时需要提前解开。

单排两粒扣西装比较凸显男士魅力，彰显男士职场精英的职业范儿，会给人一种严谨正式、值得信赖的感觉。所以，单排两粒扣西装也被商务人士称为万能款，在正式商务场合与休闲场合都可以选择。在纽扣的扣法上，扣上最上面一粒表示郑重、庄重，而不扣则表示随意。

单排三粒扣西装的穿着机会很少，会给人一种特别严谨、严肃的感觉，一般比较适合领导人正式会晤及高级谈判等场合。不扣扣子表示随意，扣中间一粒扣子表示正式，扣上面两粒扣子表示郑重。

- 套装的选择。套装要求上下装的面料、色彩一致，加上同色、同料的马甲就是三件套西装了。

- 色系的选择。出席正式交际场合，应该选择深色调西装或套装，避免穿白色及颜色艳丽的西装。非正式场合，比如在办公室里，可穿色调较浅的西装。

4. 西装衬衫的选择与搭配技巧

- 颜色的选择。衬衫的颜色深浅应与西装的颜色形成对比，一般深色西服配白色衬衫。
- 衬衫不宜过薄或过透，在穿浅色衬衫的时候，里面不要穿深色的内衣。
- 衬衫的下摆要塞进西裤的裤腰里。
- 衬衫要熨烫平整，保持袖口和领口干净，衬衫袖口应该略长于外套1～2厘米。

5. 领带的选择与搭配方法

- 穿西装打领带，不仅是销售人员职业气质的体现，也能彰显一个人的品位。
- 打领带时，衬衫领口的扣子必须扣好。
- 建议选择中性颜色的领带，样式也不要过于花哨。一定要避免选择过于女性化的颜色，比如粉色，这种颜色的领带会让人觉得不够稳重或者没有男子气概。
- 一般来说，身穿黑色西装与白色衬衫，最好选择灰色、蓝色、绿色的领带；身穿灰色西装与白色衬衫，最好选择灰色、绿色、黄色的领带；身穿深蓝色西装，白色或明亮的蓝色衬衫，最好选择蓝色、灰色、黄色的领带。
- 领带长度也要注意，过长或过短都不合适。领带打好后的长度以领带下面的尖部落在腰带扣上为宜。
- 如果佩戴领带夹，则一般夹在衬衫的第四、五粒纽扣之间。
- 不同样式领带的选择。斜纹图案的领带适合谈判等正式商务场合，代表果断、权威、稳重和理性；方格图案的领带代表热情；圆点图案的领带代表关怀；而碎花图案的领带则代表体贴。

- 身材高大的人应该选择加宽、加长的领带，显得比较协调。

6. 鞋、袜与腰带的选择

- 西装一定要搭配皮鞋，搭配运动鞋、凉鞋是万万不行的。
- 皮鞋的颜色建议选择黑色或深棕色，这两种颜色是不变的经典。休闲皮鞋最好搭配休闲西装，浅色皮鞋只可用来搭配浅色西装。
- 无论穿什么颜色与款式的皮鞋，一定要注意保持皮鞋的光亮及干净，这样才会给人留下专业、整洁的印象。
- 标准西装搭配的袜子颜色是黑色、褐色、灰色、深蓝色，以纯色为主。
- 穿深色西装、黑色皮鞋时一定不要穿白色的袜子，而应该选择深色、纯色的袜子，比如黑色、深蓝色的袜子，避免穿着带花图案的袜子。
- 尽量使西装、皮鞋和袜子三者的颜色相同或接近，不要违背三色原则。
- 深色西服、黑色皮鞋一般搭配黑色或棕色的腰带。黑色腰带能够搭配任何颜色的服饰。

7. 男销售人员的四大着装禁忌

- 忌口袋装得太满。西装讲究线条平顺，在身着西装的时候，应该尽量避免在口袋里携带很多物品，最好只装一只钱包，否则会使衣服显得很臃肿，不适合商务场合。
- 忌在西裤口袋里装钥匙、手机、钥匙扣等，这会破坏西装的整体感觉。
- 忌西裤太短。标准的西裤长度是刚刚盖住鞋面。
- 忌超过三色。全身服装及饰物搭配不要超过三个色系，皮鞋、腰带和公文包等最好统一颜色。

8. 其他随身物品的注意事项

- 名片夹。应该选择皮质的名片夹来盛放名片。
- 公文包。公文包的样式、大小应该与整体着装相匹配。标准的公文包是手提式的长方形公文包，一般以黑色、深色皮包为主，也可以根据服饰选择与之相匹配的其他颜色的皮包。手机、笔记本、笔等物品不要放在西装口袋中，最好放在公文包中。

- 香水。不要以为男士用香水就没有了"男人味"，你身上散发出的淡淡清香绝对会强过"汗水的味道"。
- 纸巾与湿巾。这两样东西可以随时清洁自己面部、手部的污垢，避免出现一些尴尬场面。

关于饰物与配饰的选择技巧在后面有专门章节进行介绍，这里先略过不讲。

2.7 人靠衣装——女销售人员的着装规范

财会专业毕业的小云工作几年后，决定自己注册经营一家记账公司，她此前积累的经验丰富，常常给客户提供很好的建议。这次她独自去拜访客户，希望销售自己的记账服务，可是对方主管并不注重她的建议，只是简单地客套了几句，最终，她没有成功开发这个新客户。

后来，身边懂时装的朋友告诉她："你这身休闲装太孩子气了，好像一个初出茅庐的大学生，客户当然不愿意听从你的建议。"朋友建议她着装要体现出学者、专家的气质，选择深色的西服套装、对比色的上衣，再搭配一条丝巾，还可以戴上黑框眼镜。小云照办了，再次拜访其他客户时，成功率大增。

由此可见，着装对于第一印象的形成，对于沟通及业务开发是否成功可以说有十分重要的影响。适当的着装绝对是一门学问。女销售人员在销售产品、洽谈业务时，最好穿西装套裙或西服西裤套装，这样才会显得落落大方。

1. 西装套裙的选择与搭配技巧

- 裙式套装既不失女性本色，又能切合庄重与大方的原则。但一定要成套着装，与西服上装配套，多以一步裙为宜。

- 穿套裙一定要配以连裤袜或长筒丝袜。丝袜的长度要高于裙子的下摆，袜口不要外露。
- 套裙最好与皮鞋搭配，中跟或高跟鞋均可。
- 套裙非常适合女销售人员，但不要过分花哨，同时也要避免夸张的款式。
- 为了塑造女销售人员沉稳的形象，套裙通常以黑色、藏青色、灰褐色或灰色为上选颜色。

2. 女销售人员着裙装的五大禁忌

- 忌穿黑色皮裙。
- 袜子忌出现残破，不要出现"三截腿"。"三截腿"是指袜子太短，导致袜子和裙子之间露出一截腿肚子，十分不雅。
- 正式场合忌光腿。
- 颜色忌过分鲜艳，款式忌过分紧身。
- 忌过分暴露、过分透视、过分短小。

3. 鞋袜的选择与穿着技巧

- 最好穿高跟鞋，一定不能穿拖鞋、凉鞋。如果因天气炎热就穿着拖鞋去拜访客户，会影响自身形象。
- 鞋的颜色应深于袜子。在鞋、袜、裙或裤子之间，鞋的颜色与裙子或裤子的颜色接近或相似最为得体。
- 黑色皮鞋适用于多个场合，也可以和任何服装搭配。棕色鞋子也比较常见，有些场合还可以穿海军蓝色鞋子，这比男销售人员可选的余地要大。
- 不要脱鞋，也不要在他人面前特别是异性面前整理鞋子，这都是不文明行为。
- 最好穿长筒袜。这就像西装离不开领带，身着西装套裙也离不开长筒袜。
- 袜子以透明、肤色或与服装颜色相协调为好。带有大花纹的袜子不适合正式场合。

4. 衬衫的选择与搭配技巧

女销售人员无论身着西服套装还是西服套裙，都离不开衬衫。下面介绍一下衬衫的选择与搭配技巧。

- 女士衬衫颜色要比男士衬衫颜色选择的余地大，但也并非无限制。最保险的选择还是白色和淡蓝色，这两种颜色可以说是全球任何职业普遍接受的颜色。当你不知道如何选择时，白色衬衫绝对是首选。无论穿什么颜色的西服套装，白色衬衫都能搭配出高级感和精致范儿。
- 衬衫款式以简单为宜，要与套装协调。一般来说，可以选择白色、淡粉色、格子、线条等变化款的衬衫，搭配深蓝色、黑色、灰色等沉稳色系的套装，会给对方留下干练、富有朝气、充满亲和力的印象。

关于饰物与配饰的选择技巧在后面有专门章节进行介绍，这里先略过不讲。

2.8 细节决定成败：养成良好的卫生习惯

卫生习惯不仅是一个人素养的体现，更是一个人品质的折射。对于销售人员来说，在各种商务交往活动中，养成良好的卫生习惯十分重要。

1. 个人手部卫生习惯

- 手部的保养和修饰。手常被视作人的第二张脸。在待人接物中，手也被当作友谊的使者。在各种商务活动及人际交往中，一双清洁、柔软的手，绝对能增添他人对你的好感。
- 手要做到四个"必洗"。时刻都要使手部保持清洁干净，去卫生间后必须要洗手；外出归来后必须要洗手；上班前后必须要洗手；吃东西前必须要洗手。
- 携带清洁湿巾或消毒湿巾也应该成为一个好习惯，在关键时刻会派上用场。
- 指甲也要经常修剪。女销售人员可以留长指甲，但一定要注意对指甲的清洁，并使其富有光泽。

2. 个人下肢部位卫生习惯

在人际交往中，有"远看头，近看脚"的说法，因此下肢的清洁与修饰与头部、面部的打理同样重要。

- 勤洗脚，避免异味。人的双脚不但容易出汗，而且容易产生异味，所以，坚持每天洗脚很有必要。
- 勤换鞋袜。袜子要每天换洗，并且一定要选择吸湿性、透气性强且不容易产生异味的袜子。鞋子也要注意勤换。在每次出门及拜访客户前，皮鞋都要擦拭干净。
- 如果袜子有破洞，则会有损自身的整体形象。
- 在比较正式的场合中，不宜赤脚穿鞋，也不要穿拖鞋，这是约定俗成的礼仪要求。
- 脚指甲也应勤剪，保持足部清洁、美观。

3. 其他卫生习惯

- 勤洗澡，按时刷牙，勤换衣，不随地吐痰。在咳嗽或者打喷嚏时，应用手帕掩住口鼻，面向避人处，也要避免发出很大的响声。
- 不要在大庭广众面前擤鼻涕、搓泥垢、剔牙、修指甲、清理头皮屑等，这些都是不良的卫生习惯和不雅的行为，一定要避免。

4. 交际场合与公共卫生习惯

- 除穿着得体外，也要注意个人形象。在出门前或者拜访客户前要检查一下头上有没有头皮屑，眼角处、鼻孔处是否干净，口腔和身上是否有异味等。这些看起来微不足道的细节，时刻都能影响客户的心情。
- 用手卫生一定要注意，公共场合不要用手揉眼睛、掏耳朵、挖鼻孔、玩弄头发等。对于客户来说，这些小动作都是极其不礼貌的。
- 浓重的体味、口臭是会客的大忌，可用香水、口香糖等遮盖，夏季可用止汗露。

- 不要吸烟。在公共场合及拜访客户前不要吸烟。因为在吸烟后，口腔里的烟味有可能引起客户的反感，从而导致你们的交谈时间不会太久。
- 即便客户也吸烟，不讨厌烟味，但作为销售人员也不能吸烟，否则客户会认为你不注重礼节。
- 不随意扔垃圾，将垃圾扔进垃圾桶里才是正确的做法。

2.9 饰物佩戴有讲究

1. 饰物佩戴的主要原则

- 以少为佳。最好在三种以内，切忌把全部家当戴在身上。
- 遵从规则。这一点注意千万不要出错，比如婚姻状态不同，戒指的戴法是不一样的。
- 避免奢华。不戴展示财力的珠宝首饰，比如较粗的金项链、手链都是不合适的。商务礼仪的目的是展示对他人的尊重，因而要尽量避免奢华。
- 符合身份。自己是销售人员，却用饰物打扮得珠光宝气，这很不合适。
- 搭配得当。身穿西装或工作装时最好的饰物是金、银饰物，一般不佩戴珠宝饰物。饰物最好与服装搭配和谐。
- 季节原则。一年四季佩戴的饰物应有所区别，比如冬季可以佩戴金、银饰物，体现庄重、典雅；而夏季可以佩戴颜色鲜艳的工艺饰品，增添一些夏日浪漫氛围。
- 符合年龄。年轻的女销售人员可以佩戴工艺饰品；而年龄稍长的女销售人员应该佩戴贵重及精致的饰物，显得高雅而庄重。
- 色彩原则。要讲究色系搭配协调。在佩戴饰物时，应力求同质同色。若同时佩戴两件或两件以上的饰物，则应尽量保持色彩一致或与主色调一致，千万不要打扮得五彩斑斓。
- 佩戴饰物还应注意与周围环境相协调，起到互补的作用。

2. 男销售人员饰物佩戴的原则与技巧

- 不要追赶时髦，比如在休闲场合佩戴耳环虽然能彰显个性，但在商务会见场合就不适宜。

- 佩饰讲究在精不在多，要注重整体协调性的搭配，并不是越贵越好，而要整体搭配得当，衬托出男士的成熟、稳重。当然，不佩戴任何饰物也没有问题。

- 手表的选择。在正式场合佩戴的手表，在造型上要庄重、保守，避免怪异和新潮。选择自己喜欢的品牌和款式就可以，不要强求高端。机械表、陀飞轮依然是质感的代名词，现在流行的智能手表也更显时尚。

- 如果要佩戴手串和手链，最好选择暗色系的，比如黑曜石，这样与黑色西装搭配起来没有色差，也不会显得张扬。不要佩戴黄金貔貅，这与西装不太匹配。在一般情况下，只允许佩戴一条手链，且戴在左手手腕上。

- 身着正装时最好不要佩戴项链和吊坠；身着休闲服装时佩戴玉吊坠、翡翠吊坠、古法黄金吊坠都可以，但最好不要外露。如果戴玉，那么不需要繁杂的花纹，简单、自然就好。

- 戒指。年轻的销售人员可以不用佩戴任何戒指，已婚及成熟的销售人员佩戴婚戒、对戒都可以。款式风格可以是玫瑰金或铂金，以光面素圈为主。一般只戴一枚戒指，不宜戴两枚或两枚以上的戒指。戒指的图案不要过于花哨，应彰显男子的阳刚之气。

- 眼镜。选择眼镜时应该以自己的脸形、肤色、年龄、服饰为依据。一般来说，圆脸形不宜选用圆形镜架，椭圆脸形不宜选用过分扁圆的框架；方脸形宜选用沉稳的方形镜架；下巴消瘦的尖脸形宜选用纤细、镜框下角呈锐角的镜架；长脸形的人可以选择色深而不透明的阔边镜腿的镜架，让脸显得短一些。

3. 女销售人员饰物佩戴的原则与技巧

> 年轻的李丽是一家公司的销售代表。一次，公司安排她去洽谈业务。为了给对方留下良好的第一印象，她精心打扮了自己：穿上西服套装，左、右手都戴着一只造型比较独特的戒指，右手腕戴着一只时尚的手镯，脖子上戴着一条亮闪闪的项链，耳饰也丝毫不含糊，戴着新潮的长链式耳坠，一走动还会发出清脆的声音。
>
> 接待李丽的是45岁的中年女性和20多岁的小伙子。在她递给对方自己公司的报价表时，意外发生了，她的耳坠不小心钩住了中年女性的衣袖，这让双方都很尴尬。这个失误让李丽更加紧张，导致在后面的交谈过程中频繁出错，洽谈的结果可想而知。

饰物搭配很有讲究，并不是越多越好，适宜的饰物搭配能够起到画龙点睛的作用，给女士增添色彩，而像李丽这样的搭配则只会给自身形象及交谈过程带来不少麻烦。因此，掌握一些女销售人员饰物佩戴的原则与技巧还是非常有必要的。

- 应遵从有关传统和习惯，不要靠佩戴的饰物去标新立异。
- 不佩戴饰物是可以的，如果佩戴就要选择质地、做工俱佳的。
- 佩戴饰物要注意场合，以少戴为宜，不是越多越好。
- 戒指的戴法。在一般情况下，一只手上只戴一枚戒指，戴两枚或两枚以上均不适宜。戒指通常戴在左手手指上。
- 戒指戴法的含义。戒指戴在食指上代表无偶求爱；戴在中指上表示正在恋爱之中；戴在无名指上表示名花有主，已订婚或结婚；戴在小指上暗示是独身主义者，终身不嫁（娶）。西方国家和我国戒指戴法的含义是略有区别的。
- 手镯。千万不要在一只手腕上戴多个手镯。手臂细长的人适宜戴宽型或多只细线型的手镯；手臂较粗的人适宜戴较细的手镯。

- 手链。在一般情况下，一只手腕上仅限佩戴一条手链，并且应戴在左手腕上。手链与手镯均不应与手表戴于同一只手腕上。
- 耳饰的选择。耳饰靠近脸部，对脸形会起到一种修饰的作用，因而要选择与脸形相适应的耳饰。一般来说，方形脸适合戴贴耳式的耳环（耳钉），可以减弱下巴的宽度；长形脸适宜戴有横向扩张感的圆形、拱形等耳环，可以产生宽度感；圆形脸适合佩戴有穗式耳环，可以产生延伸感。另外，还要注意，耳环讲究成对佩戴，不宜在一只耳朵上同时佩戴多只耳环。
- 当全身衣服过于单调的时候，还可以佩戴胸针来进行装饰。胸针应该戴在第一粒和第二粒纽扣之间的平行位置。
- 项链的佩戴也要因人而异。例如，脖子细长的人适合佩戴粗而短的项链；脖子粗短的人可以选择细且长的项链，这样会使脖子看上去有一种延伸感。
- 项链与脸形。方形脸、圆形脸建议佩戴长项链，尖形脸、瓜子脸建议佩戴短、细、秀气型的项链。
- 项链吊坠应在风格上与项链相协调。正式场合的项链吊坠不要同时佩戴两个吊坠。
- 佩戴项链也区分场合。在商务场合与商务活动中，不要佩戴生肖吊坠的项链。上班时适合佩戴简洁明快风格的项链，而参加宴会时则可以佩戴高贵华丽的项链。
- 最好不要同时佩戴链形的耳坠、项链和胸针，三者皆集中于胸前，容易显得过分张扬，且繁杂凌乱。
- 丝巾的作用。丝巾也是非常实用的现代风格女性饰物，巧用飘逸的丝巾作点缀，可以让穿着更有味道。例如，红色系丝巾可映得面颊红润，调节脸部气息。
- 丝巾的选择。丝巾还可以突出整体装扮效果，搭配的原则是衣深巾浅、衣冷色巾暖色、衣素巾艳。在挑选丝巾的时候要注意丝巾的颜色、图案、质地和垂坠感。丝巾的质感也要与服装的质感、厚薄相匹配。

- 佩戴丝巾的注意事项。脸色偏黄的人不宜佩戴深红色、绿色、蓝色、黄色的丝巾；脸色偏黑的人不宜佩戴白色、有鲜艳大红色图案的丝巾。
- 脚链也是当前比较流行的饰物，受到年轻女士的青睐。但要注意在正式场合不要佩戴脚链，它只适用于非正式场合。

第 3 章

形体礼仪：举手投足间流露出一种优雅

3.1 体态语背后现礼节

1. 体态语背后的礼节

《论语·微子》中有这样的记载："子路拱而立。"两手在胸前相合为"拱"，这是古代的一种相见礼，表示敬意。

"虚坐尽后，食坐尽前"，古代的坐法也颇有讲究。因为古代是席地而坐的，坐时两膝着地，臀部贴于脚跟。这样的坐姿是为了表示对人的尊重。这里的"尽后"指尽量让身体向后一点；以表谦恭；"尽前"则指尽量把身体往前挪，以免饮食污染坐席而对人不敬。

"端茶送客""开门迎客""一拜天地，二拜高堂"……中华民族以礼仪之邦著称于世，千百年来，一直都非常重视道德修养和文明礼貌，更是很早就使用体态语来表达文明礼仪，表示谦卑恭和。这些表达礼仪的体态语带有浓厚的中国优秀文化色彩，是在五千多年的文化社会语境中产生的，也反映出当时中国社会的历史特点。作为一个现代人，尤其是销售人员，更应该做一个有礼貌、有教养的文明人，遵守各种文明礼仪。

2. 要重视体态语

体态语是无声的语言，也是一种交际手段，还是交际的基石之一。对于销售人员来说，体态语是必备的技巧，它在商务活动中起着非常关键的作用，也是销售人员与客户建立关系的一张门票。

之所以要注重体态语，是因为人的内心状态在很多时候是通过体态语表露出来的。体态语还具有习惯、自然的下意识特性，它比有声语言更能表现出人的心理状态。在商务交往活动中，如果你细心观察，通过对方的眼神、动作、面部表情等就可以揣摩出其真实想法。

3. 常见头部动作体态语的含义

- 在交谈中，如果摇头晃脑，则表示充满傲慢之意。
- 面对面注视对方，点头微笑，表示善意，充满尊敬与礼貌。
- 头部向上，脸朝天，表示可能正在为什么事而烦心，代表希望、内疚、烦恼、懊恼之意。
- 头部向后，有惊奇、恐惧、退让或迟疑之意；而头部向前则代表倾听、期望、同情、关心之意。

4. 常见手部动作体态语的含义

- 手心朝上，代表升起与希望。
- 手心朝下，代表压抑。
- 手掌摆动，代表厌烦。
- 手心朝内摆动，代表请的意思。
- 双手摊平，手心向下，代表请安静、请坐下的意思。
- 双手摊开，手心微曲并朝上，代表虚心、诚恳、坦率的意思，这种体态语容易给人以好感。

5. 其他常见体态语的含义

- 手插口袋，眼睛左顾右盼，不敢直视，表示紧张、害怕，对自己没有信心。
- 倾斜。如果对方的身体向你倾斜，则意味着他对你表示友好；在交谈时这样做，说明他对你谈论的话题感兴趣。如果对你谈论的话题非常感兴趣，那么他的身体会向前倾斜,而双腿往往会向后缩。

- 耸肩。耸肩往往意味着对方没有说实话、不坦率或者觉得无所谓。正在撒谎的人往往也会有快速的耸肩动作,想努力表现得很镇定。
- 抿嘴唇,挠头,表示窘迫紧张、不知所措。
- 常扶眼镜或把玩领带、项链等小动作,有可能表示对方自信不足、心神不宁。

6. 体态语的运用原则

要想理解体态语,不要把每个动作或表情分开来看,而要综合文化、所处环境、年龄、性别、地位、个人习惯等因素来理解其含义。

- 明确体态语的含义,了解地区差异。必须明确不同地区、不同民族各种手势所表示的意思,否则运用不当,容易造成误解、笑话,甚至麻烦。以手势语为例,在我国,竖起大拇指是称赞对方的意思;在英国、澳大利亚,这个手势是想要搭车的意思;而在希腊,如果快速竖起大拇指,则是希望对方"滚开"的侮辱语。
- 体态语的使用要得体、协调。要记住,体态语是辅助语言,不能让它喧宾夺主,代替有声语言。体态语的使用要适量,当用则用,不当用则不用,使用时还要尽量简练。如果使用不恰当,则只会适得其反,让人觉得装腔作势。
- 体态语的动作要自然。如果在说话时,体态动作生硬、刻板,或者刻意表演,则会让人觉得别扭,觉得你缺乏诚意。
- 体态语要简洁明了。动作要大众化,举手投足要符合一般习惯,这样才能被对方看懂和接受。不要搞得烦琐复杂、拖泥带水,妨碍有声语言的正常表达。要注意克服不良的习惯动作,无意义的、多余的体态语都要去掉。
- 服从交流对象、场合的需要。无论是表情、动作,还是姿态、着装,都要考虑场合与交流的对象。例如,同一个人参加喜庆活动与参加悼念活动时的举止、着装等都是不一样的。
- 服从情绪表现的需要。任何表情、动作都是人的内在情绪和情感的体现。体态语也要服从情绪的支配,随着情感的起伏自然而然地发出,不可故作姿态、装模作样。

- 服从审美的需要。优美的体态语能够让人赏心悦目,所以,无论何时何地,都要注意造型美、体态美,要给人以美感。男性和女性的体态语是有区别的,比如,男性要表现出刚劲、强健、潇洒的气质和风度,女性则要表现出温柔、细腻、娴静、典雅的柔情与风姿。

3.2 破解形体礼仪密码:站姿、坐姿、蹲姿、走姿的技巧

心理学研究表明,人的言行举止反映了其内在的心理变化。

无论是面部表情、体态变化,还是行、走、站、立等举手投足间都可以表达情感,表现出一个人的涵养。不同的形体语言传递不同的信息,显示不同的精神状态和文化素养。当你学会了察言观色后,你就能破解对方的肢体语言中的人际交往密码,能让你在交往中更加镇定自若、谈吐大方。

俗话说站有站相、坐有坐相。在古代,人们用"站如松、坐如钟、行如风、卧如弓"作为形体礼仪的标准。销售人员也要学习形体礼仪,掌握高水准的、符合职业形象要求的礼仪标准,让行为举止落落大方。

1. 站姿标准

站立是人们日常生活与商务交往中一种最基本的举止。优美的站姿能显示出个人的自信,衬托出优雅的气质和风度,并给他人留下美好的印象。

- 头要正、肩要平。双眼平视前方,嘴微闭,表情自然,略带微笑。两肩平正,微微放松,略向后下沉。
- 臂要垂。双臂自然下垂,中指对准裤缝。
- 躯挺、并腿。胸部挺起,腹部内收,臀部向内向上收紧。双腿要立直、贴紧,脚跟靠拢让两脚形成60°夹角的V字形为好。
- 从侧面看,头部、肩部、上体与下肢应在一条垂直线上。
- 在站姿下,手的摆放位置有多种,例如,可双手置于身体两侧,也可让右手搭在左手上叠放于体前。
- 对于女性而言,站立时要抬头挺胸、收腹、立腰、提臀,双手自然交叠

放在腹部前。站立时双脚除了可以采用 V 字形外，也可以采用"丁"字形站立。

2. 站姿的注意事项与禁忌

- 切忌东倒西歪、无精打采，也不要懒散地倚靠在墙上、桌子上。
- 不要低着头、歪着脖子，不要一肩高、一肩低，也不要双腿不停地抖动。
- 切忌双手交叉抱在胸前或双手叉腰，手也不要插在裤兜里。
- 男性双脚左右开立时，两脚之间的距离不要太大，不要超过肩宽，更不要挺腹、翘臀。
- 双腿不要交叉站立，双手也不要有玩弄皮带、发辫等各种小动作，这样显得不尊重他人，也会给人缺乏自信和没有经验的感觉。

3. 坐姿标准

- 入座时要轻缓，挺直上身，头部端正，目视前方或交谈对象。
- 男士基本坐姿。上身要挺直，挺起胸部，两肩要放松，脖子挺直，下颌微收，双目平视，两脚分开，不超肩宽，两脚平行，双手可放在两膝上。双膝要并拢，小腿垂直落于地面，两脚自然分开成 45°夹角。上身与大腿、大腿与小腿的最佳姿态是呈直角状态。
- 女士基本坐姿。可以双腿并拢，同时向左或向右放，双手相叠后放在左腿或右腿上。也可以双腿并拢，两脚交叉，置于一侧，脚尖朝向地面。
- 如坐在椅子上，不要坐满，落座面积占据座位的二分之一或三分之二，宽座沙发则至多坐二分之一。落座 10 分钟左右不要靠椅背，时间久了可轻靠椅背。
- 双手应掌心向下。男士双手的掌心向下，平放于大腿之上。女士应掌心向下，双手上下交叠，放于一条腿上。当然，也可以将双手放于桌面之上或座位扶手上。
- 女士入座时，若身着裙装，则应该先用手将裙子稍稍拢一下，不要坐下之后再去拉拽衣裙，那样显得不优雅。
- 在正式场合，一般从椅子的左边入座，离开座位时也要从椅子的左边离开。
- 女士的坐姿较多，有正位坐姿、双腿斜放式、双腿交叉式、前伸后屈式、架腿式等。

- 多人一起就座时，入座顺序应该是：客人、长辈、领导先入座；女士优先入座。

4. 不同坐姿所传递的信息

- 腰杆笔直的坐姿表示对对方感兴趣，尊重对方。
- 弯腰曲背的坐姿表示对谈话内容不感兴趣或厌烦。
- 倾斜身体表示心情愉悦或自感优越。
- 坐下后，不停摆弄手中的东西，表示漫不经心。
- 双手放在腿上目视对方，表示等待或试探。

5. 不良坐姿与禁忌

- 忌坐在椅子上前俯后仰、摇腿跷脚。
- 不要抖动双腿，女士切忌双腿分开。
- 忌头部乱动、上身不直。
- 手部不要错位，腿部不要乱动。
- 不要坐在椅子的边沿。
- 忌将一条腿的小腿交叉叠放于另一条腿的大腿上。
- 忌两腿直伸、反复抖动。
- 忌脚尖指向他人。

6. 蹲姿标准

蹲姿一般用在取低位物品时，有半蹲式、高低式、交叉式三种方式。

- 下蹲时，宜左脚在前，右脚在后，双腿合力来支撑身躯，这样还可以避免滑倒或摔倒；左、右手各放于膝盖附近，挺直上身并抬头，目视前方。
- 下蹲时的高度以双目保持与对方双目等高为佳，不要蹲得太高或者太低。
- 女士着裙装时，要整理好裙摆后再下蹲。
- 起身时，要利用双腿的力量来支撑上身，头、肩、背始终要挺拔向上。起身后，应立即收回右腿，恢复标准站姿。

7. 蹲姿的注意事项

- 不管采用哪种蹲姿，都忌撅起臀部，这样显得不雅观。
- 不要突然下蹲，不要离人过近。
- 忌面对他人，忌背对他人，忌双腿平行叉开。
- 不要蹲着休息，在人身边下蹲时要侧身相向。

8. 走姿标准

行走是一种动态的美，轻松、协调、稳健的走姿会给人以美感。正确的行走要从容、轻盈、稳重。

- 行走时，要以站姿为基础，面带微笑，目视前方。
- 双肩要平稳，手臂要伸直放松，双臂前后摆动要自然，摆幅以30°～50°为佳。
- 双肩、双臂要自然，不要过于僵硬，重心稍前倾。两脚沿一条直线平行行走。
- 步幅要适中，步频也不宜过快。一般男士步幅约为70厘米，女士步幅则略小一些。
- 着装也会影响步幅，比如女士在穿旗袍、西服裙或礼服等裙装配高跟鞋时，步幅会小一些。

9. 走姿的注意事项

- 双臂忌左右摆动。
- 忌走外八字或内八字。
- 忌行走时双手背后。
- 膝盖不能弯曲，脚腕和膝盖要灵活、富于弹性。走路也可以有一定的节奏感，走出步韵来。
- 行走时忌低头，忌手臂不摆或摆幅过大、手脚不协调，忌步幅过大或过小。

- 多人一起行走时，忌排成横队、勾肩搭背。

10.多人同时行走时的礼仪规范

- 两人同行时，以右为尊，以安全为主。
- 三人同行时，以中间为尊。
- 四人同行时，不要并排行走，最好分成两排，以前排为尊。
- 多人一起行走时，长辈或者身份、职位较高者应走在前面，其右后方人员资历次之，资历较浅者应走在左后方。

3.3 男士形体礼仪标准

礼仪是个人素质和文化修养的体现，而形体礼仪是销售人员气质提升不可或缺的条件。形体礼仪包含姿态、动作、表情等多方面的礼仪规范。

形体礼仪标准具有一定的通用性，在前面的章节中已经详细介绍了仪容、仪表及站、坐、行、蹲等基本礼仪规范，后面的章节将详细介绍握手、眼神、微笑等礼仪常识。男士和女士的很多形体礼仪标准是通用的，所以，此处不再做细致的讲解。本节将通过案例的方式，简要分析男士形体礼仪的重要性。

> 李晓峰的语言表达能力很不错，在销售人员中学历也很高，对公司产品也很了解，总经理对他抱有很大的期望。可是，他做了近半年的销售代表，业绩却一直没有提升，甚至有的月份销售业绩为0。而他自我感觉每天都很忙碌。那么，小李的问题出在哪里呢？总经理从其他员工那里了解到了小李的一些情况：虽然他每天都穿着西装去拜访客户，但总是急匆匆的，皮鞋脏了也顾不上擦拭干净；领带也是歪的，露出西装的白色衬衫的衣领还有些脏；头上有时候还有头皮屑；他早餐喜欢吃韭菜盒子，经常吃完后也不去除异味就去拜访客户；他说话也很快，经常没听完客户的意见就着急发表自己的看法……

> 得知这些情况后，总经理让李晓峰系统地学习了形体礼仪方面的课程，并要求他严格按照礼仪规范去做。一个月之后，李晓峰的销售业绩果然开始迅速提升。

从这个案例中不难看出，李晓峰虽然学历较高，但非常缺乏礼仪常识，导致在拜访客户的过程中经常吃闭门羹。总的来说，男士形体礼仪要求仪容整洁，要展现阳刚之美，展现风度翩翩的绅士范儿；不穿怪异服饰，不留怪异发型，谈吐也要干净利索。下面介绍几条让你更有男士魅力的形体礼仪规范。

- 在服饰方面，不穿女性化的服饰，不穿怪异颜色的服饰。
- 脸部。最好不留胡须，当然要保持个性除外。要保持面部容光焕发，让微笑成为你生活和工作中的好伴侣。
- 手势。不要过度使用手势。在做手势时，手的高度不能超过下巴，而且手指应当并拢。
- 头部动作。在聆听他人说话时，头部保持稍微倾斜以示对对方的尊重。
- 眼神交流。与身边的每个人都保持适当的眼神交流，这样会让人感到舒适自在。在说话时凝视对方，这样能为你赢得更高的信誉度。
- 体态。在聆听他人说话时，身体微微前倾；当自己说话时，要昂首挺胸。
- 距离。根据自己的舒适程度来调整与他人之间的距离。如果你靠近对方时对方后退，那么你应该马上停下前进的脚步。

3.4　女士形体礼仪标准

对于女士来说，形体美已成为女性魅力的标志，举手投足、一颦一笑都能够由内而外散发出迷人的魅力。女士总的形体礼仪标准是要落落大方，适度化妆，着装简洁、大方，发型美观，言谈举止优雅得体，展示女性阴柔之美，展示淑女形象。

1. 女士仪表礼仪

- 一定要化妆。不化妆会让人感觉不被尊重，也是不职业的体现。妆容的浓淡要视时间、场合而定，大多数场合适宜化淡妆，最忌浓妆艳抹。
- 发型发式也要美观、大方，选择适当的发型才能增加自身的魅力。

2. 服饰及其礼节

- 着装要简洁、大方、得体。
- 服饰要注意时代的特点，符合自己的体形，与个人的性格特点相匹配。
- 着装要注意场合，要符合场合与工作需要。
- 在饰物方面忌烦琐。浑身上下戴满珠宝首饰，会让人不自觉地疏远你。

3. 女士形体礼仪禁忌

- 忌发型太新潮，忌衣装太新潮。
- 忌在公共场所化妆。忌妆容太夸张。
- 忌打扮太性感，忌裸露太多。

3.5 握手：这五秒意味着经济效益

握手是商务场合中最常用的见面礼节，虽然只有短短的五秒，但这个过程中可是"大有文章"的，它可以表达出你的热情与自信，表达出对对方的尊重。对于销售人员来说，握手可以让对方决定对你的喜欢程度，以及接下来交流与沟通的效果，所以，握手的这五秒也意味着经济效益。

> 李丽在国内知名的房地产公司里担任材料供应部总裁，上周接到某建筑材料公司销售经理郭先生的业务电话，约定这周一下午 2：00 点在办公室面谈。

> 郭经理非常重视这次面谈，做好了各项准备，并提前几分钟到达，在前台接待人员的引领下，来到李丽的办公室。前台对李丽说："李总，这是建材公司的郭经理。"李丽离开办公桌，面带笑容，热情地走向郭经理。不料，郭经理先伸出手来，让李丽握了握。
>
> 李丽随后客气地说："非常高兴您亲自来我们公司介绍这些产品。这样吧，您把相关资料先放在这里，等我了解之后，再和您联系。"
>
> 就这样，不到一分钟，郭经理就被李丽送出了办公室。在接下来的几天内，郭经理多次打电话询问，但得到的都是秘书的回答："李总不在。"
>
> 到底是什么原因让李丽做出如此举动？在随后公司内部的礼仪培训课上，李丽说出了原因：第一次见面，郭经理给我的印象是他不懂得基本的商务礼仪。他是男性，职位比我的职位低，怎么能像一个王子一样伸出高贵的手来让我握呢？太没有绅士风度了。当我握他的手时，他的手掌也没有任何反应，握起来更像一条死鱼，冰冷、松软、毫无热情。
>
> 李丽觉得，郭经理作为一位销售经理，居然不懂得基本的握手方式，而他所在的公司能聘请这样的人做销售经理，可见该公司管理人员的基本素质和层次也不会太高。这些都是李丽拒绝和他进一步沟通的原因。

从上面的案例中，我们可以看出握手的作用及其表达的内涵。

1. 握手表达的内涵

握手是双方在相见、离别、恭贺或致谢时相互表示情谊、致意的一种礼节。握手的方式、力度，甚至是手掌的湿度等，悄无声息地向对方传递了你的性格、可信程度与心理状态。

从握手的质量中可以看出你对别人的态度是热情还是冷淡，是积极还是消极，是诚恳相待、尊重对方，还是居高临下、敷衍了事。

积极、有力度的握手能表达出你的友好态度和可信程度，表现出你对别人的重视与尊重。而一种无力的、漫不经心的甚至错误的握手方式，会立刻传送出对你不利的信息，最终失去这次沟通机会甚至商业机会。所以说，握手在现代社会的商务活动中也意味着经济效益。

2. 握手适用的场景

握手适用的场景非常多，比如，遇到久未谋面的熟人时需要握手，与相识之人道别时需要握手，被介绍给不相识者时需要握手。

向客户辞行时需要握手。自己作为东道主迎送客人时，以及应邀参加社交活动见到东道主时，也需要握手。

感谢他人的支持、鼓励或帮助时，向他人或他人向自己表示恭贺时，向他人或他人向自己赠送礼品或颁发奖品时，也需要握手。

另外，对他人表示理解、支持与肯定时，通过握手可以传递真心实意。在他人遭遇挫折或不幸而表示慰问、支持时，也需要握手。

3. 握手的姿势

握手时与对方保持一步距离为好，上身要稍向前倾，面带微笑，双脚呈立正姿势，伸出右手，并拢四指，虎口相交，拇指张开下滑，向受礼者握手。

握手时，一定要伸出右手。握手时间一般以 3～5 秒为宜，不要过长或过短。握手时，男士握位是整个手掌，女士握位则是食指位。

握手的时候晃动两三下为宜，开始和结束都要干净利落，不要在介绍双方的过程中一直握着对方的手。

4. 握手的顺序

前面的案例就说明了握手顺序的重要性。郭经理由于错误的握手顺序，导致其在商务合作中失败。

在正式场合，握手时伸手的先后顺序主要取决于职位、身份，在社交、休闲场合，伸手的先后顺序则主要取决于年龄、性别、婚否。下面这些要点一定要牢记。

- 在职位与身份方面，职位、身份高者与职位、身份低者握手，应该由职位、身份高者先伸出手。上、下级之间的握手也应该由上级先伸出手，下级才能伸手相握。

- 男士与女士握手，应该在女士伸出手后，男士再伸手相握。
- 年长者与年幼者握手，应该由年长者先伸出手。长辈与晚辈握手，应该由长辈先伸出手，晚辈才能伸手相握。
- 已婚者与未婚者握手，应该由已婚者先伸出手，未婚者再伸手相握。
- 在迎接客人时，主人应先伸出手与到访的客人相握。在送别客人时，客人要先伸出手与主人相握。
- 在社交场合，应该由先到者先伸出手，后来者再伸手相握。
- 当一个人与多人握手时，握手顺序应该是由尊而卑、由近而远、按顺时针方向进行。

5. 握手的力度

一项涉及 2 000 人的调查数据显示，20% 的受访者均承认他们仅通过握手就可以迅速对一个人做出大致判断，近 33% 的人认为握手无力会给人留下不好的印象，而 36% 的人则表示握手无力暗示一种焦虑和内向的个性。可见，握手不慎或者力度不对，都会让你的社会交往活动前功尽弃。

与人握手不可以不用力，否则会使对方感到你缺乏热情与朝气。同样也不可以拼命用力，否则会有示威、挑衅的意味。正确的做法是不轻不重地用手掌和手指全部握住对方的手，然后微微向下晃动。

男士与女士握手时，往往只握一下女士的手指部分或者轻轻地贴一下。女士与男士握手时，只需轻轻伸出手掌。

6. 握手的禁忌与注意事项

- 与他人握手时应该伸出右手，绝不能伸出左手。忌用左手或双手与异性握手。握手时，双方都不可以把一只手放在口袋里。
- 在任何情况下，拒绝对方主动要求握手的举动都是无礼的。只有当你的手上有水或不干净时，才可以谢绝握手，但必须同时向对方解释并致歉。

- 向他人行握手礼时应起身站立，以示对对方的尊重。
- 如果戴着帽子，那么在握手时应脱帽。也不要戴着手套与他人握手。只有在一些社交场合，女士可戴薄手套与男士握手。
- 握手时，年轻者对年长者、职务低者对职务高者应稍稍欠身相握以示尊敬。有时为表示特别尊敬，也可用双手迎握。
- 多人同时握手时应按顺序进行。
- 四人握手时，应该平行握手，忌交叉握手。
- 忌戴着墨镜与人握手，但有眼疾或眼睛有缺陷者除外。
- 握手时忌拉来推去或上下左右抖个不停。握手时忌三心二意、漫不经心、面无表情，忌目光游移或旁观他处。
- 握手时忌只握指尖或只递指尖。忌掌心向下，这样会显得目中无人。

3.6 眼神：传递内心热情的第一通道

心理学家认为，最能准确表达人的情感和内心活动的是眼睛和眼神。恋人之间常常用眼神传递爱慕之情。一个人看谁的时间越长，就代表越喜欢对方。眼睛是心灵的窗户，你爱不爱一个人，嘴上可以不说，但是眼神会出卖你的真心。眼神一向被认为是人类最明确的情感表现和交际信号，在面部表情中占据主导地位。

对自己来说，一个人的眼神能够最明显、最自然、最准确地展示自身的心理活动。而对他人来说，与其交往所得信息的87%都来自视觉，而来自听觉的信息则仅为10%左右。

我们经常通过眼神来表达情感和思想。人的眼神是面部表情中最丰富生动，也是最善于传情达意的。在人与人的交往中，眼神是一种深情的、含蓄的无声语言，往往可以表达有声语言难以表达的意义和情感。在与人交流时，眼神的作用是不可忽视的。正确使用眼神可以给对方留下深刻的印象，同时也会增强自己的感染力。所以，在人际交往中，我们千万不要忽视用眼神来传递礼仪。

1. 注视时间的奥秘

人的眼睛时刻在"说话",时刻道出内心的秘密。例如,交谈时注视对方,则意味着对其重视;走路时双目直视、旁若无人,则表示高傲;交谈中频频左顾右盼,则表示心中有事;在办公室里,对来访者只打招呼而不看对方,则表明工作忙而不愿接待等。

在人际交往中,尤其是在与熟人相处时,注视对方时间的长短往往十分重要。不同的注视时间有不同的内涵。

- 表示友好。若对对方表示友好,那么注视对方的时间应占全部相处时间的 1/3 左右。

- 表示重视及感兴趣。若对对方表示重视,那么注视对方的时间应占全部相处时间的 2/3 左右。如果注视对方的时间超过全部相处时间的 2/3,则表示你对对方的谈话内容非常感兴趣。

- 表示轻视。如果注视对方的时间不到全部相处时间的 1/3,则意味着你瞧不起对方,或对对方没有兴趣。

- 表示敌意。如果注视陌生人的时间超过全部相处时间的 2/3,则表示你对对方抱有敌意或者在寻衅滋事。

- 同性之间应该不时地与对方双目对视,以示尊重。如果对方是异性,那么双目对视不宜持续超过十分钟。长时间目不转睛地注视对方是不礼貌的表现,也会使对方感到不自在。

- 除非你与对方关系密切,才可以较长时间地注视对方,以拉近心理距离。

2. 注视角度中的礼仪

瞪眼相视表示敌意,白眼表示反感,斜着扫一眼表示鄙视,双目睁圆表示吃惊。可见,不同的注视角度反映出不同的礼仪内涵。在与他人交往时,注视角度是事关与交往对象亲疏远近的一大问题,不同的注视角度有不同的内涵。

- 平视。平视即视线呈水平状态,也叫正视,这种角度表示理性、平等、自信、坦率,是坦荡、自信的表现,一般适用于在普通场合与身份、地位平等之人进行交往，表示对他人的尊重。

- 俯视。即抬眼向下注视他人，一般适用于身居高处之时。它可表示对晚辈的宽容、爱护、怜爱，也可表示对他人的轻慢与歧视。
- 仰视。即抬眼向上注视他人，表示尊重、敬畏，多用于晚辈面对尊长之时。
- 眯视。即眯着眼睛注视对方，这是一种不太友好的表现，给人以漠视对方、睥睨与傲视的感觉。

3. 注视的位置

在注视对方的时候，死死盯住对方的某个部位或不停地在对方身上上下打量，都是不礼貌的表现。所以，用目光注视对方的位置也很有讲究，应自然、柔和、稳重。要根据不同场合、不同对象、传递信息的目的来选择具体的目光所及之处和注视的区间。

- 在商务、公务场合，注视他人的范围是一个三角区域，这个区域是以两眼为底线、以前额上端为顶点所形成的三角区域。注视这一区间能够营造出严肃认真、居高临下的效果，在商务谈判、外事交往及命令下级时经常使用。
- 在茶话会、舞会、酒会、联欢会等日常社交场合，注视他人的范围是一个倒三角区域，这个区域是以两眼为上线、以下颌为底点所形成的倒三角区域。注视这一区间能让对方感到轻松、自然，可以自由地表达观点与见解，从而营造良好的社交氛围。
- 具有亲密关系的人在交谈时主要看着对方的眼睛、嘴部和胸部。注视区间是亲密区间，恋人之间、至爱亲朋之间注视这一区间能激发感情、表达爱意。

4. 恰当使用亲密注视

在和关系密切、亲近的人谈话时，可以注视他的整个上半身，这就是"亲密注视"。要注意不能对陌生人，尤其是陌生异性使用亲密注视，否则是很不礼貌的。也不能用斜视、俯视、蔑视等眼神注视对方，这样显得非常失礼。

在长辈面前的亲密注视，目光应略为向下，才能显示出恭敬和虔诚；对待下级、孩子等的亲密注视，目光要慈爱、和善，显示出宽厚和爱心。

5. 注视的禁忌与注意事项

• 在交谈过程中，除非双方的关系十分亲近，否则目光连续接触的时间一般为一秒左右。注视时间过长，会让对方感到不自在。

• 注视时，眨眼不宜过快或过慢。

• 与亲近的人或陌生人讲话时，如果闭眼，则显得很不礼貌，会给人留下傲慢或没有教养的印象。

不同国家、不同民族、不同文化习俗对眼神的运用是有差异的。

• 当别人难堪时，不要注视人家。在休息时或停止谈话时，也不要正视对方。

• 在交谈中，眼睛向上看、向下看、眯眼、斜视，眼神游离不定、目光涣散等状态，都是十分忌讳的。

3.7 微笑：最有效的销售礼仪

微笑传递着友善、礼貌、亲切和温馨的信息。对于销售人员来说，微笑还是一个无声无息的销售利器，是最有效的销售礼仪之一，可以将友好、融洽、和谐、尊重、自信的形象和热情传递给客户，为成功销售打下良好的基础。

作为一名销售人员，如果你总是面带微笑，那么你无异于拥有一笔巨大的无形资产。因为在工作和生活中，没有一个人会拒绝微笑的人，也没有一个人会对一个终日愁眉苦脸的人产生好感。微笑可以拆除人与人之间的壁垒，会使人们敞开心扉；微笑可以赶走悲伤和不安，也能打破僵局；微笑能改变客户的心情，制造出你与客户交流所需要的和谐气氛。当你真正学会了微笑时，就向成功近了一大步。

1. 微笑，销售人员成功的秘诀

在销售过程中，销售人员可以将这股微笑的力量传递给每一位客户，这样就可以激发他们的想象力和购买欲。

如果你一心只想增加销售额，而冷淡地对待你的客户，忽视了微笑，那么成交的可能性就微乎其微了。因为客户也是有血有肉的人，也有情感。当你面对客户时，你应该学会用微笑去打动客户，唤起客户对你的信任与好感，这样才能顺利地完成销售过程。

关于微笑，中国有两句俗语："非笑莫开店""面带三分笑，生意跑不了"。大意是做生意的人要经常面带笑容，这样才会讨人喜欢，招来顾客，让生意更红火。

2. 微笑的基本要求与礼仪规范

微笑要温柔友善、自然亲切。要笑得真诚。笑容要与神、情统一，情真意切。微笑要自然流露、发自内心，而不能为笑而笑、没笑装笑。

微笑的美在于亲切、自然、文雅、适度。微笑要诚恳和发自内心，做到"诚于中而形于外"，切不可故作笑颜，更不要狂笑、冷笑、奸笑、傻笑。

中国古代礼仪讲究笑不露齿。而现代礼仪培训指出，微笑要露出6～8颗牙齿。其实，对微笑统一要求露出几颗牙齿是不符合礼仪规范的，因为微笑是一种个性化的表情，不应该以标准化的形式规定露出几颗牙齿。微笑要有感染力，而不是规定统一露出几颗牙齿。微笑是要展现自己最美的一瞬间，流露出自信、自然与真诚。

3. 微笑的时机与持续时间

把握微笑的展现时机。什么时候展现出笑容是至关重要的。应该在与交往对象目光接触的瞬间展现笑容来表达友好。如果在与对方目光接触的瞬间仍然延续之前的表情，则会让人感觉有些虚伪、做作。

微笑要维持多久？交谈过程可能需要几十分钟甚至几小时，为了表达良好的情绪，展现自信与涵养，在整个过程中都要保持微笑。前面的章节介绍了眼神注视时间的礼仪要求，在整个交谈过程中，目光停留在对方身上的时间应该占整个过程的1/3或2/3，在这段时间里，与对方目光接触的时候应该展现出灿烂的笑容。在其余的时间段内，可以适当收起你的笑容，保持亲和的态度就可以了。

4.微笑的注意事项与禁忌

第一,在所有的正式场合,都不能放肆地大声笑。

第二,不要冷笑,会使对方产生敌意。也不要傻笑,会使对方感到尴尬。

第三,微笑要与其他表情、肢体动作一起使用,而不要皮笑肉不笑,使对方无所适从。

第四,出席庄严的场合,或者讨论重大的政治问题,或者参加追悼会,都不宜微笑。

第五,谈论严肃的话题,或者得知对方一个不幸的消息,都不要微笑,要及时收起微笑。

3.8 幽默,也是一种美

幽默的人走到哪里就会把笑声带到哪里。幽默还是一种智慧,更是一种能力。对于销售人员来说,如果懂得运用幽默,在交流及交易过程中,就会给客户带来很多快乐,让客户倍感轻松。所以,在销售过程中,不妨在适当的时机来点儿小幽默,可以缓和一下紧张或对立的气氛,顺利完成销售任务。

1.幽默的神奇作用

幽默在本质上是一种自信,更是心态的放松和智慧的表现。在这个世界上,似乎没有一个人不喜欢与幽默风趣的人交往。在沟通及销售过程中,幽默可以说是一件法宝,也是事业成功的润滑剂。

幽默诙谐、调侃还有意味深长的意义,通过影射、双关、讽喻等手法,能实现普通语言难以表达的内涵和哲理。因此,销售人员可以利用这种圆润而强韧的语言让客户更愿意倾听,并引发客户思考,从而突出产品的地位、品位。

当我们与客户进行面对面交流时,应该增加一些幽默感,润滑一下笨拙的问答方式,带给客户更多的愉悦。这是销售技巧中的高境界,也可以说是销售过程中的一种创新。

2. 幽默的运用原则

原则一：善意为本。幽默与贫嘴、挖苦和俏皮话有很大的不同，因为它们的出发点和指向不同，语言材料与制造方法也不一样。幽默不含贬义，不是蔑视，不是拿别人开涮，更不是卖弄聪明、哗众取宠。幽默雅俗有度，是有善意的。

原则二：由心而发。幽默与笑一样丰富多彩。幽默必须是由心而发的。

原则三：把握分寸。幽默是一种智慧，运用幽默要看对象、看时机、看场合，把握好分寸。最重要的是看对方对幽默的理解力和承受力，否则很有可能你的幽默会被误解为讥讽或嘲弄，引起对方不快，起到反作用。

3. 让你有幽默感的几种方法

运用幽默需要有一定的知识储备作为基础，同时也要借助一定的方法来实现。主要有以下几种常用的方法。

- 自嘲法。在与客户沟通的过程中，遇到处境尴尬的时候，用自嘲来应对窘境，不仅能很容易地打破僵局，还会产生幽默的效果。自嘲时要针对自己的某个缺点猛烈开火，这样就很容易达到效果。你的这份气度和勇气也会让客户跟着你附和。

- 夸张法。在销售产品的时候，可以根据产品的特点，巧妙地运用夸张的表达方式，往往能引起客户的注意，从而激发他们的购买欲望。

- 双关法。同一个音节可以表示不同的词，而同一个词也可以表示不同的意义。利用这种词的同音或多义的条件，可以使一句话同时带有字面和字外两种意思，这就是"一语双关"。

- 曲解法。这种方法常常利用语词的多义、同形、谐音、同音等条件来构成幽默，就是故意歪曲对方话语或事物的本义，或者根据对方说话的不严谨来回答非本义的内容。

- 反语法。这是一种用与词语本义相反的话来表达本义的方法，即正话反说或反话正说。说话时表面是一种意思，而实际上要表达的却是另一种相反的意思。在一些销售场合，正话反说，往往会让销售过程得到出乎意料的结果。

> 某销售人员销售冰柜，遇到一位客户一直在挑三拣四，不停地唠叨着，认为冰柜占空间，也不如冰箱美观。这时候，销售人员顺着客户的意思说："这冰柜确实如此，个头大还不美观，花这么多钱买这个大东西真是太不划算了！"客户听了之后，反而不好意思再说什么了。这时，销售人员趁机同情地说："冰柜的价格比冰箱的价格便宜很多，空间还大，比冰箱能存放的东西多多了。"站在为客户着想的立场讲话，顺着客户的意思说，客户就会从心里更容易接受你的意见和建议，这样销售就变得容易多了。

运用幽默的方法和技巧还有很多，平时可以多看幽默的故事、喜剧片，还有一些不错的脱口秀节目，从中寻找灵感。

4. 运用幽默的注意事项

- 幽默需要适度。不当的幽默会让人感觉不靠谱，给人嬉皮笑脸、油嘴滑舌的感觉。

- 内容要高雅。幽默的内容体现了你的思想情趣和文化修养。只有内容健康、格调高雅的幽默，才能给人以启迪和精神享受。如果幽默的内容粗俗或不雅，则会让人感到反感。

- 态度要友善。幽默的过程是双方情感互相传递的过程。所以，幽默要从友善的角度出发，这样既调节了气氛，又表达了善意。千万不要对他人冷嘲热讽，发泄内心的不满情绪。

- 一定要把握"度"。选取的幽默素材一定要恰当，避免使用引发他人不快的素材。不能使用低俗的笑料，不能通过恶意模仿、嘲笑弱者来表达自己的幽默感。

- 运用幽默要注意因人而异。有些人因为身份、性格或当时的心情，对幽默的理解和承受力是完全不同的。即便是同样的幽默内容，不同的人也会有截然不同的反应。如果对方性格内向或心胸狭窄，则要慎用幽默。一般来说，晚辈对长辈、下级对上级、男士对女士都要慎重使用幽默。

第4章
客户拜访礼仪：
销售人员迈向成功的关键一步

4.1 拜访礼仪：因场合而不同

杨时千里寻师，程门立雪，诚心讨教的行为被传为千古佳话，故事除了告诉世人要尊师重教外，也讲述了拜访时礼节的重要性。对于销售人员来说，客户拜访工作是最基础、最日常的工作，成交一笔订单或完成一项业务合作，除了要经常进行线上沟通，最为直接和有效的方式就是上门拜访，通过面对面地与客户沟通，增进双方的信任和了解，融洽双方的感情，巩固合作关系，最终实现成功销售。

拜访礼仪也有很多规范和讲究，销售人员一定要注意。

1. 拜访的重要性

当前，市场竞争十分激烈，客户每天接收到的信息也非常多，一般不会轻易接受你所提供的产品或者服务。这时候，销售人员上门拜访就显得十分重要，可以在拜访中与客户进行沟通，从而说服客户。从一定意义上来讲，销售就是一个拜访的过程，没有拜访就没有销售，就没有成功。而拜访的细节决定了拜访的成败。所以，销售人员要想成功地拜访客户，必须处理好拜访的各个细节。

2. 拜访前的准备

- 提前约定时间。拜访前一般都会电话询问被访者是否有时间或何时有时间，提出访问的内容（有事相访或礼节性拜访），使对方有所准备，以免扑空或扰乱对方的日程安排。对方同意后约定具体拜访的时间、地点。拜访要避开吃饭和休息时间，特别是午睡时间。到办公室拜访最好安排在星期二到星期五之间。私人拜访一般安排在中午下班、晚上下班或节假日前夕为宜。

- 明确拜访的目的。每次拜访前，都需要给自己此次的拜访设定一个目标，明确拜访的目的。比如，要向客户传递什么信息，要问客户什么问题，要获取什么关键信息，是为了了解客户的库存情况、销售情况，还是为了上门帮助客户解决某个痛点，等等。只有给自己设定了拜访的目的，才能有针对性地做好准备工作。到私人住宅拜访一般安排在晚上 7:30 到 8:00 之间，或者节假日前夕。

- 拜访中的个人仪表形象也至关重要，应该根据拜访的对象精心准备自己的着装。选择与自己身份相称的职业化服装，穿着必须干净整洁、大方得体。

- 至少提前 15 分钟到达拜访地点。准时是与人会面的基本原则。如果你要拜访的是公司高管或重要人物，通常他们的行程安排都非常紧凑，即便你只迟到了两三分钟，也会给人留下不好的印象。如果在赴约途中发生意外，则要立刻与客户取得联系，充分说明原因并且致歉，再重新约定拜访的时间。

- 准备好各种资料，比如名片夹、笔记本、会谈中用到的各种资料等。

3. 拜访过程中的注意事项

整个客户拜访过程实际上是我们与客户相互了解、建立信任的过程，因此，在每一个细节上，我们都要力求尽善尽美。

- 谈吐自然，语速适中，不卑不亢，抑扬顿挫。与客户的沟通不仅是相互了解的过程，有时也是博弈的过程，因此，适当的语速和不卑不亢的态度有利于在谈判中占据有利的位置，对于需要强调的内容可加重语气或者放慢语速。

- 随机应变，自信回答。对于客户提出的问题，如果不能准确回复，则要做到随机应变，既要迅速回复且保持自信，又不能留下漏洞。最好不要拖延回答，这样会使信任度大打折扣。

- 多提问题，引导客户。学会提问也很关键，既能从客户的回答中获取信息，也能在提问的内容和顺序上做文章，让客户跟随你的思路走。在冷场或者尴尬的局面下，提问也能很好地起到缓解危机的作用。

4. 社交场合拜访礼仪

- 一定要准时赴约。拜访时间长短应根据拜访目的和主要意愿而定，一般来说时间宜短不宜长。
- 拜访时，应先轻轻敲门或按门铃，当有人应声允许进入或有人出来迎接时方可入内，切不可不打招呼擅自闯入。即使门开着，也要敲门或以其他方式告知主人有客来访。敲门不宜太重或太急，一般轻敲两三下即可。
- 要彬彬有礼，注意细节。进门后，将随身物品放到主人指定的位置，与室内其他人也要热情地打招呼。
- 掌控好时间。有要事必须与主人商量或向对方请教时，应尽快表明你的来意，不要东拉西扯，浪费时间。

5. 商务场合拜访礼仪

- 提前预约后要准时赴约。让别人无故等你，无论如何都是严重失礼之事。
- 初次拜访要做自我介绍。如果与客户是第一次见面，则要先做自我介绍；如果双方已经熟识，只要互相问候并握手就可以了。
- 节省时间，适可而止。清楚、直接地说出你要说的事情，不要讲无关紧要的事情。在对方发表意见时，要认真聆听，不要不停地打断对方，不要辩解，有意见的话要等对方讲完之后再表达。

4.2 握手礼仪：手掌上的心灵互动

在前面中已经详细介绍了握手礼仪，本节侧重从心理学角度介绍握手的方法及注意事项。

1. 握手是心灵的互动

在与客户谈生意时，身体接触会让人更了解你。握手也是一种身体接触，它是现代社会交际中常见的礼仪，可应用于多个场合。从表面上看，握手只是手与手的接触，但这种状态能发展为彼此间心与心的沟通。通过握手，人们能从中感受到一种强烈的连带关系。

有心理学研究指出："如果在社交场合有疑问，请热烈握手。"这表明握手的作用，主动与客户握手，可以化解紧张的气氛。加拿大形象设计师凯伦曾说："握手是一门如此有趣的艺术，它让我们在瞬间产生种种推测和判断，握手的信息是无言的，但它却是那么丰富和微妙。握手是如此感性，在对方开口之前，能让我们感受到他的内心活动。"握手虽然只有几秒的接触时间，但在这短短的几秒里，对方就能通过你握手的方式、用力的轻重等，感受到你的性格、可信程度、心理状态。不同的握手方式可以展现出不同的形象。要赢得客户的信任，拉近彼此的距离，在握手时要注意以下细节。

• 表达出诚意，不要心不在焉。与人握手时，东张西望、心不在焉，或眼睛斜视，都是不尊重对方的行为。所以，在握手时一定要专心、专注，要正视对方的眼睛，表达出自己的尊重和诚意。

• 握手不要过分客套。握手时不要一个劲儿地点头哈腰，否则会让人觉得过分客套。与人握手，应该同时致以问候；但如果不允许出声，则可以点头以示问候。

• 不要一边嚼着口香糖一边与别人握手。

2. 握手的心理学解读

握手不仅是一种礼节，可以展示我们的风度，还可以通过握手了解对方的心理，解读对方的性格，有利于双方更好地沟通与交流。

• 握手力度反馈内心状态。例如，握手时没有力气，或者为了应付而与你握手，说明对方大多不坚强，甚至有些软弱，缺乏魄力。软绵绵的握手意味着内向、犹豫和缺少激情，而握得太用力则会被认为你要掌控一切。

• 握手时掌心向上，表示对他人的尊重。握手时掌心向下压，用击剑式与对方握手，则会给人傲慢、盛气凌人的感觉。

• 愉快的握手是坚定有力的，这能体现你的信心和热情，但不宜太用力且时间不宜过长，几秒即可。

- 握手时，如果对方的手满是汗水，冷冰冰或湿漉漉的，则说明对方心里高度紧张，缺乏自信。
- 握手时，如果对方只捏住你的几根手指，对同性而言，这会显得有些冷淡和生疏。对方若是显贵的人物，则是在故意显示自己的"尊贵"。即使对方是女性，为了表示矜持与稳重，也会让人反感。
- 握手时，当你已经伸出手后，对方的手还在口袋中，而当你尴尬地收回手时，他才伸出手来，则说明对方是一个性格内向、做事优柔寡断、缺乏判断力的人。如果对方将你的手拉到自己的身边相握，则表示这种人往往过分谦恭，在他人面前唯唯诺诺，缺乏主见。

4.3 称呼礼仪：合乎常规，入乡随俗

在心理学上有一个"称谓效应"，其实就是称呼礼仪。称呼是表达人的不同思想感情的一个重要手段，它不仅仅是引起对方注意力的一个代号，在更多的时候也是两个人之间关系的体现。不同的称呼还可以反映出不同的心理状态。因此，销售人员要善用"称谓效应"来改善人际关系，让自己的拜访及交往过程变得更加轻松愉快。

例如，在交往中，遇到难以接近的客户，你试图接近对方，不妨直呼其名或者请对方直接称呼你的名字，这样可以拉近感情。而对于同事之间，如果你希望和他们走得更近，不妨偶尔称呼他们的昵称，或者让对方称呼你的昵称。

人际交往，礼貌当先；与人交谈，称谓当先。称呼是人们在交往中说出的第一个词语，也是建立良好人际关系的一张通行证。亲切、恰当地使用称谓，不仅可以表达对他人人格、身份、地位的尊重，也能反映出称呼者的个人修养，甚至还能体现出双方关系发展所达到的程度。小小的称呼，其中却蕴含着大学问。

1. 称呼的原则

称呼要合乎常规，做到庄重、正式、规范。此外，还要遵循以下原则。

- 礼貌原则。称呼对方要用尊称，常用的尊称有"您""贵""贤""尊"等，

千万不要用绰号称呼对方。交往时要记住并准确地喊出对方的姓名，会让人感到亲切自然、一见如故。

- 尊崇原则。对于职位比较高的同事或前辈，在称呼时，要体现出对对方的尊敬，比如王总、李董事长等。只有使用高格调的称呼，才会使对方产生与你交流的意愿。
- 恰当原则。称呼的基本原则是根据对方的年龄、职业、地位、身份、辈分及与自己关系的亲疏来选择恰当的称呼。例如，可以称呼司机、厨师为"师傅"，但如此称呼医生就十分不恰当。
- 称呼要注意场合，也要照顾习惯、入乡随俗。恰当的称呼也要注意环境与场合有别。严肃的场合与随意的场合、正式的场合与非正式的场合、城市与乡村的称呼都是不同的。严肃、正式的场合要有正式的、相对完整的称呼，随意、非正式的场合称呼可以简化一些。例如，在单位里两个人是上下级关系，关系不错，那么在单位里就要称呼职位，在私下里可以称呼赵哥、李姐等，这是关系亲疏的体现，而且还会让别人察觉到你很有分寸感，从而缩短两个人之间的心理距离；反过来，如果在单位里人多的时候直接称呼赵哥、李姐等，就会让对方陷入尴尬的境地。

2. 称呼的技巧

- 职务性称呼。以交往对象的职务相称，这是一种最常见的称呼方法，可以显示身份有别、敬意有加。这里又可分为三种方法：第一，称职务，比如主任、部长；第二，在职务前加上姓氏，比如赵部长、李局长；第三，在职务前加上姓名，这适用于十分正式的场合，比如王涛处长。
- 职称性称呼。对于拥有职称者，可以直接以其职称相称。在职称前要加上姓氏，比如刘教授；也可在职称前加上姓名，比如刘杰教授，这适用于十分正式的场合。
- 行业性称呼。有时可按行业进行称呼，比如李老师、王教练等。对于从事某些特定行业的人，也可以在行业前加上姓氏、姓名。
- 性别性称呼。在商界及商务交往中，一般约定俗成地按性别不同分别称呼为"小姐""女士""先生",称未婚者为"小姐",而不明确婚否者则可称"女士"。

- 姓名称呼。在日常交往中,平辈的朋友、熟人、同事之间可以彼此用姓名相称,长辈对晚辈也可以这么称呼。
- 称呼要就高不就低。也就是说,当一个人既有职务性、职称性称呼又有行业性称呼时,哪个称呼的级别最高就用哪个称呼,而不要用级别低的称呼。

3. 称呼的顺序

一般称呼的顺序为先长后幼、先上后下、先女后男、先疏后亲。例如,在正式的会议场合,经常可以听到"女士们、先生们、同志们、朋友们"这样的称呼。

4. 称呼的注意事项与禁忌

在交往中,如果称呼不当,不仅会惹得对方不快,自己也会十分尴尬,最终导致交往活动的失败。以下称呼的禁忌要注意。

- 忌无称呼。这是非常忌讳的,在交往中不称呼别人就与人家搭讪、谈话,这种做法会引起对方的不满。
- 忌不适当的简称。比如称呼"赵局(长)""王处(长)"一般不易引起误会,但称呼"李校(长)""李排(长)"就容易让人产生误会。
- 忌用庸俗的称呼。有些称呼虽然听起来很亲切,但不适合在正式场合使用,比如,"哥们儿""兄弟""张姐"等。
- 要注意谐音。姓氏与职务的语音搭配也要注意,例如,姓傅的一把手,如果称呼为"傅厅长",则容易让他人误认为他是副职,在这种情况下可略去姓氏,直接称呼职务,称呼为"厅长""局长"即可。
- 注意习俗、文化背景的不同,有些容易引起误会的称呼切勿使用。

4.4 寒暄与问候礼仪:春风化雨的力量

言谈之礼,从真诚的问候开始。"幸会""久仰"……在我国古代,就开始使用这类寒暄问候语,可见古人对问候礼仪的重视。为了祈祷和平,呼吁全世界的人们彼此问候、相亲相爱,还把每年的 11 月 21 日定为"世界问候日"。毫无疑问,通过问候,可以表达情感,拉近彼此之间的距离。心理学家更是认为,不问候、不与人打招呼是内心缺乏安全感的表现。作为销售人员,一定要重视寒暄与问候的礼仪。

1. 寒暄与问候的作用不可小觑

寒暄与问候,在多数情况下,两者的应用场景是一样,都是作为交谈的"开场白"来使用的。

寒暄与问候的主要作用就是在人际交往中打破僵局、打破隔阂,向交谈对象表示自己的敬意,或者向对方表示自己乐于与其结交,拉近彼此之间的心理距离。在拜访时、与他人见面时,恰当地使用寒暄语,往往会为双方进一步的交谈打下良好的基础。反之,在本该与对方寒暄几句的时候却一言不发,往往是无礼的体现。

从交际心理学的角度来看,恰当的寒暄能使交际双方产生一种心理认同感,使一方被另一方的情感同化,体现着人们在人际交往中的亲和需求。这种亲和需求在和谐、融洽的交谈气氛中能逐渐升华,从而顺利达到交际的目的。

在与陌生人初次见面时,常常会觉得无话可说,这时巧妙寒暄,可以消除彼此之间的陌生感,缓解紧张气氛。例如,可以先谈一些与正事无关的但大家都熟知的话题,如天气、社会热点新闻等,这样一来就能迅速拉近彼此之间的距离,营造出一种亲切、友好的气氛,为之后深入的交流与沟通打下良好的基础。

寒暄及问候都属于非正式交谈,本身没有多少实际意义,它们的主要作用在于打破彼此之间陌生的界限,缩短双方的情感距离,营造和谐的气氛,以利于接下来的正式交谈。

寒暄能使不相识的人相互认识,使不熟悉的人相互熟悉,使沉闷的气氛变得活跃,它就像一把打开话匣子的钥匙,具有春风化雨的力量。

2. 有效寒暄的秘诀

寒暄看似简单，也没有什么固定的程式，但要恰到好处地运用并充分发挥其作用，却要花一点心思。如何恰如其分、颇有成效地进行寒暄呢？

- 要积极主动。寒暄的基本原则是表现出自己的亲和力，让人感觉到自己的关心，消除陌生感。在寒暄之前，要调节好自己的情绪，以愉快的情绪积极主动地跟对方寒暄，展现自己富有自信、易于合作的个性。这样不但能表现出你对对方的尊重，还能充分展现自己的真诚和进一步交谈的愿望。

- 要善于选择话题。社会学家的研究表明，在与陌生人相见的最初4分钟里，只适宜做一般性的寒暄，比如问候、互通姓名及谈论一些无关紧要的话题，一定要避免提出争议性的话题、不宜回答的问题。寒暄的话题应该是既能表现出对他人的关心，使对方感到温暖，又能使对方乐于谈及较易回答的问题，比如"最近工作挺忙吧""最近在忙些什么"等。要避免涉及三言两语无法谈完的话题，更不要触及对方的隐痛。

- 要注意寒暄时的表情、姿势和语气。关于微笑的作用在前面的章节中已经介绍过，在寒暄时，一定不要忘记展露你真诚的笑颜。此外，还要注意保持优雅的姿势，上身挺直，与对方保持目光的接触。寒暄时的语气要轻松而柔和、富有感情，就像闲谈一样，让对方消除戒备的心理和紧张不安的情绪。

- 要注意灵活变通。根据与拜访对象的亲疏关系来调整寒暄的内容。要根据时间、地点、场合的不同，选用不同的寒暄语。例如，在超市相遇时可以说："你也在买菜啊？"如果在图书馆的走廊里相遇，则可以小声地说："你也来借书啊？"

3. 寒暄与问候的方法与技巧

在不同的场合应该使用不同的寒暄语，这样的寒暄才显得得体，才能起到润滑人际关系的效果。下面介绍几种常见的寒暄用语及其应用方法。

- 问候式。这是最经典也是交往中运用最多的一种问候方式。比如"你好""赵总好"等，语言得体，显得双方热情有礼。"幸会""久仰""久违"等古典问候语在庄重及正式场合经常使用，在日常交际中使用很少，因为这类寒暄语的书面语风格比较浓重。熟人之间的问候语多使用意会型，比较随意，比如"去哪里了""吃饭了吗"。

- 夸赞式。夸赞式寒暄是一方赞美另一方或双方互相赞美的一种寒暄方式。这种寒暄方式可以融洽和活跃交谈的气氛，使一方或双方的心理得到满足。例如："赵总，你的手表很炫酷，是最新款吧？""你这手机也是新款，你居然抢到了，厉害！"短短的两句寒暄语，让双方的心理都得到了满足，接下来的交谈自然就顺畅多了。

- 攀认式。抓住双方的共同点或相似点，并以此为契机进行发挥性问候，这就是攀认式寒暄，可以达到拉近双方距离的目的。在与客户或陌生人交谈时，只要你细心观察，就不难发现双方总会有这样或那样的共同点或相似点，比如"同乡""同龄""相似的经历"等，这些都是可以拉近双方距离的契机。例如："看您是北京人，我也算半个北京人。我在北京读了4年书，北京可以说是我的第二故乡。"

> 初见时，略事寒暄，攀认某种关系，能立即转化为建立交往、发展友谊的契机。早在三国时，鲁肃见诸葛亮的第一句话是："我，子瑜友也。"子瑜就是诸葛亮的哥哥诸葛瑾，鲁肃只用了这短短一句话，就奠定了与诸葛亮之间的情谊，运用的就是攀认式寒暄。

- 描述式。针对某种具体的交际场景而发出的寒暄就是描述式寒暄。比如对方正在做什么事、刚刚做完什么事或马上要做什么事，都可以成为寒暄的话题。例如："午饭还没吃，您最近一定特别忙！""看您买了这么多菜，今晚这是要亲自下厨啊！"

- 言他式。双方见面以后，以彼此本身以外的事物作为寒暄话题。例如："今天听天气预报说寒潮要来袭，可能会下雪。""嗯，这天气可真热啊！都快40摄氏度了！"简单的两句寒暄语，就可以迅速拉近双方的距离。

- 敬慕式。这是对初次见面者尊重、仰慕、热情有礼的表现。例如："我可早就久仰您的大名了！""您比我想象得更年轻！""您的大作我已拜读，真是受益匪浅！"

- 自然式。天气情况、气候冷暖变化、风土人情、热点新闻、奇闻逸事等都可以作为寒暄的话题。但要注意话题的切入一定要自然得体，不要给人一种突兀的感觉。

4. 寒暄的注意事项

寒暄语的使用没有固定模式，应根据环境、条件、对象及双方见面时的感受来选择和调整，只要让人感到自然、亲切，没有陌生感就行。那么，寒暄时要注意哪些事项呢？

- 态度要真诚，语言要得体。问候语要运用得妥帖、自然、真诚，避免使用粗言俗语和过头的恭维话。比如"久闻大名,如雷贯耳""今日得见,三生有幸"，这样的寒暄语显得虚假做作。
- 要根据拜访的对象不同使用不同的寒暄语。在交际场合，男女有别，长幼有序，彼此熟悉的程度也不同，寒暄时的口吻、用语和话题也要有所不同。一般来说，上级对下级、长辈对晚辈的寒暄最好让对方感到平易近人；而对于下级和晚辈来说，最好要让对方感到自己的尊敬和仰慕。
- 不要过度。适当的寒暄可以缓和、营造气氛，而过多的寒暄则会让别人觉得你热情过度，从而引起反感，影响交流。还要注意，在简单寒暄两句后就要及时转入正题。
- 尽量说对方喜欢听的话。例如，对一位身材偏胖的女士说"你又发福了"，对方肯定不高兴；换成"看你好像瘦了啊"，对方肯定会很高兴，因为女士们都希望自己身材苗条。

4.5 介绍礼仪：由陌生而熟悉的必由之路

介绍是社交场合中人们相互认识、相互了解、建立联系的基本方式，它是人们相互之间从陌生到相识的纽带，也是从陌生到熟悉的必由之路。正确运用介绍的礼仪知识，会让对方对你产生良好的第一印象。

介绍又分为自我介绍和介绍他人，各有不同的礼仪规范和要求。对于销售人员来说，这两种介绍都会经常用到。

1. 自我介绍的时机

自我介绍就是向他人介绍自己、说明自己的情况。对销售人员来说，介绍自己是使用最多的介绍方式。什么时候需要自我介绍呢？

• 希望他人结识自己时。让他人了解自己的最佳方式就是主动把自己介绍给对方。

• 他人希望结识自己时。当别人表现出想了解自己的意图时，就有必要进行自我介绍。

• 希望自己结识别人时。想要结识别人的一大妙法就是先向对方介绍自己，以得到对方的呼应。

• 确认他人熟悉自己时。有时，担心他人健忘或没有完全掌握自己的情况，不妨再次向对方简要介绍一下自己。

此外，对方比较专注、有些兴趣、情绪良好、没有外人在场、周围环境比较幽静、场合比较正式时，都是自我介绍的好时机，都要好好把握。

2. 自我介绍的几种形式

在一般情况下，自我介绍的内容应当兼顾实际需要、双边关系和所处场合，并且最好具有一定的针对性。若以基本内容进行区分，那么自我介绍可分为以下几种。

• 应酬式自我介绍。有时候，面对泛泛之交、不愿深交者，可使用应酬式自我介绍。介绍的内容最为简洁，通常只有姓名一项即可。例如："你好！我是×××。"

• 应答式自我介绍。在交流中，当他人需要了解本人情况时，必须有问有答，这就是应答式自我介绍。对方问你什么就答什么即可。例如，对方问："现在在哪里高就？"自己回答："我现在在××集团担任销售总监。"

• 交流式自我介绍。在社交场合中，如果你需要与他人进一步交流，那么不妨就交往对象有可能感兴趣的问题，比如籍贯、兴趣、学历等，向对方择机做自我介绍。例如:"看您的朋友圈经常晒外出旅游的照片,拍得都非常专业,您喜欢摄影吗?我叫××,也很喜欢摄影。"

- 工作式自我介绍,也被称作公务式自我介绍。在工作场合中,自我介绍也要公事公办、简明扼要,介绍的内容应包括单位、部门、职务、姓名这四项。例如:"你好!我是××公司销售部经理×××。"

3. 自我介绍的注意事项

- 要注意介绍的顺序。比如,职位低者先自我介绍,主人先向客人做自我介绍等。
- 态度要大方。在自我介绍时,一定要保持大方而自然的态度,要注视对方,举止要庄重、大方,语气要平和,语音要清晰,语速要正常,态度要镇定而充满信心,表现出渴望认识对方的热情。切勿敷衍了事、生硬冷漠,或矫揉造作、虚张声势,也不要畏首畏尾。
- 介绍的内容应繁简适度。自我介绍总的原则是简明扼要。在介绍自己时,必须有意识地控制介绍的内容,努力做到长话短说、废话不说,一般以半分钟为宜,在一分钟之内结束介绍。介绍的内容还应根据交流对象的不同而有所区别。
- 实事求是。在介绍自己时,既不宜过分谦虚、贬低自己,又没有必要自吹自擂、夸大其词。必要时,不妨在进行自我介绍前先向交往对象递上一张自己的名片,以供对方参考。

4. 介绍他人礼仪之介绍顺序

在社交活动中,有时候你需要以中间人的身份,把一个人介绍给另一个人认识。这时,介绍的顺序显得极为重要,遵循的主要原则是先卑后尊。在介绍的先后顺序中,被介绍双方中更受尊重的一方有权先了解另一方,如应先把男士介绍给女士,先把晚辈介绍给长辈,先把客人介绍给主人,先把职位低者介绍给职位高者等。介绍的相关顺序如下。

- 在介绍上级与下级认识时,应该先介绍下级,再介绍上级。在介绍长辈与晚辈认识时,应该先介绍晚辈,再介绍长辈。

- 在介绍女士与男士认识时，应该先介绍男士，再介绍女士。在介绍已婚者与未婚者认识时，应该先介绍未婚者，再介绍已婚者。
- 在介绍年长者与年幼者认识时，应该先介绍年幼者，再介绍年长者。
- 在介绍来宾与主人认识时，应该先介绍主人，再介绍来宾。
- 与会时，在介绍先到者与后来者认识时，应该先介绍后来者，再介绍先到者。
- 在介绍同事、朋友与家人认识时，应该先介绍家人，再介绍同事、朋友。

5. 介绍他人礼仪之介绍者选择

在交往中，除了介绍自己，往往还有必要介绍他人。介绍他人，指的是由第三者替彼此不认识的双方所进行的介绍。当需要介绍他人时，由谁来充当介绍者是非常有讲究的。在一般情况下，介绍者应由下述人员担任。

- 身份最高者。假定来访的客人身份较高，本着身份对等的原则，一般应由东道主一方在场人士中的身份最高者来担任介绍者，以示对被介绍者的重视。
- 身为主人者。当来自不同单位的客人互不认识时，则主办方人员一般应主动充当介绍者。
- 专司其职者。在很多时候，介绍者应由本单位专门负责此项事宜的秘书、办公室主任、公关礼宾人员等担任。

6. 介绍他人礼仪之介绍他人的内容

在为他人进行介绍时，不仅要注意介绍的顺序，还应该斟酌介绍的内容。

- 标准式介绍。这适用于各种正式场合，基本内容应包括被介绍双方的单位、部门、职务与姓名。例如："我来介绍一下，这位是××集团总经理×××先生，这位是××公司董事长××小姐。"
- 简介式介绍。这适用于一般性的交际场合，基本内容往往只包括被介绍者双方的姓名，有时甚至只提到双方的姓氏。例如："我替两位介绍一下，这位是小张，这位是老许。大家认识一下吧。"
- 引见式介绍。这适用于普通的社交场合。介绍者在介绍时只需要将被介绍者双方引导到一起，而往往不需要涉及任何具体的实质性内容，后面的介绍就交给双方了。

- 强调式介绍。一般适用于交际应酬场合，除被介绍者双方的姓名外，还会刻意强调其中一方或双方的某些特殊之处。例如："这是北京××传媒公司的贾总，之前做过记者，文笔非常好。"

7. 介绍他人礼仪的注意事项

- 介绍时，先称呼女士、年长者、身份高者、主人及先到场者，再一一介绍对方。例如，将一位年轻的女销售人员介绍给一位大企业的负责人，则应不论性别，先称呼这位企业家："赵总，这是我的同事×××。"
- 当被介绍者是同性别的，或年龄相仿，或一时难以辨别其身份、地位时，可以先把与自己较为熟悉的一方介绍给与自己较为生疏的一方。
- 介绍时，应该多用敬词、谦词、尊称。例如："请允许我向您介绍……""请让我来给大家介绍一下……"

8. 集体介绍时的礼仪与注意事项

集体介绍一般被介绍的一方或双方都不止一人。在这种场合下，基本的介绍规则是：在介绍双方时，先卑后尊，也就是先介绍位卑的一方，后介绍位尊的一方；而且在介绍其中任何一方时，均应由卑而尊地逐一介绍具体人员。

在宴会、舞会或普通集会场合，由于来宾较多，这时不必逐一进行介绍，主人只需介绍坐在自己旁边的客人相互认识即可。

介绍的方法主要有以下两种。

- 单向式介绍。当被介绍者双方一方为一人，而另一方为多人时，往往应当前者礼让后者，即只将前者介绍给后者，而不必再向前者一一介绍后者。
- 概括式介绍。当被介绍者双方人数都较多，而又没有必要逐一介绍时，不妨酌情介绍一下双方的概况。例如："介绍一下，这几位是我公司负责企划营销的朋友，这几位是我公司负责销售的朋友。"

在集体介绍时，介绍者在态度上也要注意平等待人。在进行具体介绍时，对被介绍者双方一定要平等对待，即介绍的态度、内容等均应平等，切忌厚此薄彼。另外，在集体介绍时，一定要表现得庄重、大方，给人以郑重其事之感，不要显得过于随意，更不能乱开玩笑。

4.6　名片：销售活动的"身份证"

名片虽小，却是现代人际交往中的重要工具之一。对于销售人员来说，它既是销售活动的"身份证"，也是最重要、最方便的销售工具。名片对于构建企业诚信、提升品牌知名度及建立销售人员自身的销售渠道和网络，都具有不可替代的作用。

名片能否正确使用，成为影响销售能否成功的一个因素。对于销售人员来说，恰到好处地运用名片，可以实现其效能的最大化。对于销售活动中的名片使用，通常应注意以下礼仪要点。

1. 名片设计的艺术

名片要经过精心的设计，展示出自己的身份、品位和公司形象。在制作名片时，必须做到以下几点。

- 设计要具有个性化，这样才能彰显自己的特色。当然，个性化并不是华而不实，而是要形成自己的特色。颜色不能太花哨，要做到美观、大方。
- 一目了然地显示关键信息。公司名称要醒目，商标要突出，具有冲击力；个人名字、职务要做到清楚无误；公司所处行业和主打产品也有必要写清楚。
- 电话号码不要写得太多，因为是你的工作名片，留下专用的工作电话号码即可。当然，要保证电话时刻畅通，以便于客户联系。如果做不到这一点，则可以印上一些备用的电话号码。
- 个人职务以简单为好。不要写太多无关的职务和太多的公司。

2. 准备名片

- 名片最好装在名片夹中，在公文包里也可以存放。名片夹可以放在上衣口袋中，但不要放在西裤口袋和钱包中。

- 名片要保持干净、整洁、平整，切不可出现折皱、破烂、肮脏、污损、涂改等情况。
- 足量。在社交场合及活动中携带的名片一定要数量充足，确保够用。

3. 递送名片的礼仪

- 在给客户递送名片时，要注意先后顺序，通常是：按身份高低、年龄大小进行；当向多人递送名片时，应依照职位高低的顺序，由尊到卑，或由近及远，依次进行，千万不要跳跃式地进行，这样会被人误以为厚此薄彼。
- 递送名片的正确方法。手指并拢，将名片正面朝上，用两只手的大拇指和食指夹住名片左右两端，恭敬地递送到对方胸前。名片上的名字要面向对方，以便对方识读。
- 在递送名片时，身体应微微前倾，面带微笑，注视对方，用双手呈上名片，将正面面向对方，同时说道："这是我的名片，请……"如果自己的姓名中有生僻字，那么最好当面读出来。
- 在给客户递送名片时，一定要大方、自信。
- 名片的递送与场合也有很大的关系，在不同的场合需要派发不同款式的名片。比如，在招商会、展销会和大型的公共活动场所，要派发的名片由于数量多和所派发的对象只有一面之交，因此，比较适合派发产品名片；而在拜访特定客户时，则要携带相对上档次的名片，比较适合对方收藏。
- 将名片递给他人时，应同时说"多多关照""常联系"等话语，也可以先做一下自我介绍。
- 在递送名片时，不要用左手递送名片，不要将名片背面面向对方或颠倒着面向对方，不要将名片举得高于胸部。

4. 接收名片的礼仪

- 在接收名片时，应恭敬起身，面带微笑，注视对方，双手接过对方递来的名片。在接过名片的同时应说"谢谢"；如果对方说"请多多指教"，则可礼貌地应答一句"不敢当"。

• 收到名片后切勿将其随意丢放，不宜随手置于桌上，而应仔细地看一遍，注意对方的姓名、职务等信息，如果遇到不认识的生僻字，则可当面请教客户。这不仅是为了表示对客户的尊重，更重要的是要了解对方的确切身份，以防在后面的商谈中把客户的名字或姓氏弄错，从而怠慢了对方。

• 如果是初次见面，则应将名片上的重要内容读出来。在阅读名片时，可将对方的姓名和职务轻声念出，并抬头看看对方，使对方获得一种受到尊重的满足感。对于那些副职的客户，则可将"副"字弱化或略去。

• 接过客户的名片后，千万不要当着对方的面在名片上写什么东西，这是很失礼的做法。但在事后整理和收藏名片时，可以在名片反面记下和对方会见的相关情况，以便记忆，为下一步的合作打下基础。

• 看过名片后，应将名片放在西服左胸的内衣袋或名片夹里，以示尊重，切不可随意乱放，以免使对方感到不快。

• 接过对方的名片之后，如果自己没有带名片或恰巧用完了，则应当先向对方表示歉意，再如实说明理由。如例："对不起，今天我带的名片用完了，回去后我会立刻给您寄一张。"

• 同时与几个人交换名片时，收回的名片要按照对方席位的顺序放在桌面上。当与对方交谈时，一边交谈一边记住对方的姓名和面孔，然后在适当的时机把名片收起来。

• 不要在手中捏折对方的名片，更不可将其他东西放在名片上，比如把水杯或者笔记本压在名片上，这是一个禁忌。

5. 索要名片的技巧与礼仪

一般来说，递出名片后，对方都会回敬一张自己的名片。但是，当对方的身份、地位、职位极高时，对方很可能收到你的名片后就没了下文，这时向对方索要名片就要讲究技巧与方法。

• 联络法。例如："张经理，今天认识您非常高兴，以后我还得多多向您请教，不知道以后怎么和您联络比较方便？"以此暗示客户递出名片。当然，客户也有可能委婉地拒绝你，这时一定要回应说："没关系，改日再补。"

• 激将法。例如："尊敬的郭董事长，很高兴认识您，不知道能不能有幸跟您交换一下名片？"当你说出这句话时，客户即使不想给你也不得不给你了，因为他总不至于告诉你不换吧。

6. 电子名片收发礼仪

电子名片环保、便捷，其功能也日益强大，近年来正在逐渐取代传统的纸质名片。在销售及商务交流过程中，电子名片的收发有以下几个礼仪要点。

• 确定名片的形式。电子名片种类多样，有简约文字版的，也有图片版的，还有微信小程序版的，以及社交类 App 中的电子名片，建议以直观简约为首要原则。如果为了看电子名片还需要下载 App 或跳转到小程序，可能会引起部分人的反感。

• 注意格式、排版与大小。即便是文字版的电子名片，也要注意格式与排版，一般来说，上方是自己的姓名电话，中间部分是自己的公司名称及地址，下面一般是邮箱及微信二维码。图片版的电子名片则要注意文件的大小，最好不超过 1 MB，太大会影响对方的接收及保存速度，而且大的图片文件容易被微信系统自动清理。

• 需明确告知对方自己的名片是电子的，需要添加对方微信好友。电子名片一般需要通过微信来发送，所以需要先征得对方的同意，添加对方为微信好友，之后才能发送电子名片。如果对方的职位及身份比较尊贵，一般不喜欢随便添加陌生人的微信。

• 语言方面。电子名片发送之后，可以说"××总，这是我的电子名片，已经给您发送过去了，请您查收并惠存"。对方收到后，可能会回递纸质名片，也可能会发送电子名片，收到对方电子名片之后，也要说"收到了，幸会 ×× 总，我已惠存。"

• 转发前要通知本人。虽然电子名片转发方便，但要注意不要随意转发给其他人，有朋友需要的时候，需要经过对方同意之后，才能转发，这样对方才不会被更多陌生人骚扰。如果电子名片被随意被转发，是很多人讨厌和不喜欢的。

4.7 等待会见时的礼仪规范

在商务交往中经常有会见活动，销售人员为了准时赴约，一般都会提前到达指定地点。在等待的这段时间里，时间久了容易让人感到无聊和烦躁。但也要耐心一些，因为你在等待会见时的一举一动都关系着自身形象，随意的动作会给客户留下不好的第一印象，留下不专业、不敬业的形象。

1. 短时间内等待的礼仪

如果是商务拜访，那么，在到达对方公司后，应该通知前台工作人员，告知你所在的公司及自己的姓名，以及你要拜访的对象，这时前台就会联系你要拜访的人。但在见到客户之前，你要做的仍然是耐心等候。如果等待时间长，那么前台工作人员一般会请你去贵宾室或会客室等候。这时，销售人员一定要注意以下几点。

- 不要显露出不耐烦的样子，而要安静、耐心地等待，最好不要有各种小动作。
- 在等待的时候，不要将携带的小说拿出来看，或者在纸上乱写一通。实在无聊的话，可以索取对方公司的简介进行阅读。
- 不要随意与其他工作人员闲聊来打发时间，比如，与一起前往拜见客户的同事之间，与对方公司的其他人员之间，都不要高谈阔论。
- 不要吃口香糖，也不要吸烟，去外面吸烟也不允许，更不要掏出手机来打发时间。

2. 等待 20 分钟时的礼仪

对于销售人员来说，准时赴约却在接待室里一直等，只要超过 20 分钟，就可以询问秘书或者前台工作人员什么时候可以与客户会面。在询问的时候，一定要有礼貌。

3. 不能继续等待会见时的礼仪

如果等待时间太久或从前台工作人员那里得知要拜访的对象有急事无法与你

见面，而你又有事不能继续等候，则可以留下自己的名片，名片左上角可以向内折一下，目的是告诉对方你已经来过了。

把名片转交给前台工作人员，并向其致谢，转告客户自己还有其他事情，不能继续等待了。当然，你也可以跟前台工作人员约定下次拜访的时间。千万不要暴躁或批评对方，这是非常不礼貌的行为。

4.8 告辞礼仪：礼貌地说再见

在告退、告辞的时候同样也有一些礼仪细节要注意，否则，不礼貌的告辞不仅会给人留下不好的印象，甚至有可能得罪人。

1. 商务交往中告辞的技巧

- 选择适当的时间。最适当的告辞时间是在你说完一段话之后，而不是在对方说完一段话后立刻提出告辞，那样显得非常不礼貌，会被误认为你听得不耐烦了才告辞。
- 要向客户或主人道谢。临别时，可以和主人握手或打招呼。在私下场合告辞，比如在晚宴场合，还要向主人道谢及祝福晚安，"今天过得非常愉快，欢迎有时间到我家做客"。
- 兼顾他人感受。如果你是第一个告辞的，则应顾及整体气氛，不要大声叫喊，可静静地向主人告辞。如果你在告辞时被其他不熟悉的客人发现了，则也要有礼貌地和他们打招呼，然后从容离去。

2. 告辞的主要用语

在告辞时，除了说"再见"，还有以下几类告别语。

- 熟人之间的告别语。在商务场合，你可以说"您先忙，等有时间我再过来拜访您"；而在私下社交场合，主人可以对客人说"有空再来""有空来喝茶"等，也可说"代问家人好"以示礼貌。
- 主客之间的告别语。作为客人向主人告别时，经常会说"您请回""请留步"等告别语，而主人一般以"慢走"等话语来回应。

- 通用告别语。"再见""晚安"等流行的告别语可适用于大多数告别的场合。

3. 告辞的禁忌

- 告辞时的姿态要优雅。比如你坐在沙发上，当你准备站起来时，最好先把身体的重心移到沙发的边沿，然后徐徐地站起来，而不要突兀地站立起来说告辞。

- 告辞前不要打哈欠、伸懒腰。在告辞前，不管你参加的会议或宴会多么的乏味，也不要显露出厌倦的神态，以免伤害主人的自尊心。

- 最忌讳别人说完一段话时立即起身告辞，这样会让人觉得你对他的话不感兴趣，甚至有意见，会给他人留下不好的印象。礼貌的做法应该是在聊天沉默的空隙提出告辞。

- 当你说出告辞后，就应该从座位上站起来，而不要嘴里说走，身体却一动不动。

4.9 销售拜访时的礼仪禁忌

在很多时候，拜访客户的关键细节决定了销售的成败。拜访是销售人员迈向成功的关键一步，拜访的过程及礼节在前面的小节中已经详细介绍了，本小节主要介绍拜访的礼仪禁忌。

- 忌随意拜访。不要做不速之客，请至少提前1天预约客户，约定拜访的时间、地点、人数与拜访主题。

- 忌着装随意。商务拜访要身穿商务装，不要穿奇装异服。仪容仪表、行为动作、言谈举止都要遵从规范，力求自然，这样才能给他人留下良好的印象。

- 忌迟到。拜访的首要规则就是准时。让客户无故等待是严重失礼的事情。如果有紧急的事情，则必须及时通知客户。

- 忌漫无目的。对拜访要解决什么问题需要做到心中有数，例如，这次拜访要为客户解决什么、与客户沟通什么、提出什么问题？最终想得到什么样的结果等，这些都要提前思考。

- 忌不敲门而入。在进入办公室之前一定要先敲门，力度要适中，间隔有序敲三下，等待回音。如果没有反应，则可稍加力度，再敲三下，对方允许后方可进入。

- 进入对方办公区不要随意参观、左顾右盼，未经允许不要随意入座，更不能占领工作人员的办公座位。

- 谈话要开门见山，切忌啰唆。简单的寒暄是必要的，但不宜过长，因为客户的时间也很宝贵，也会有很多工作等待处理。

- 忌没有礼貌。握手、接递名片、告辞时都要有礼貌。例如，在客户为你倒水的时候，一定要礼貌地用手轻触水杯，然后双手接过来。如果你是晚辈，最好不要让主人倒水，或者在主人倒水的时候稍微欠一下身，以示礼貌。拜访结束，主人相送时，应该说"请回""请留步""再见"等礼貌用语。

- 忌资料准备不充分。比如自己的名片、名片夹、洽谈所需要的各种资料等，都要提前准备好。如果这个环节出现了差错，那么对方很容易对你的工作能力产生怀疑。

- 在拜访期间，如果客户临时有事需离开几分钟，那么在这段时间内不要随便翻动客户的资料。

- 拜访的时间不宜过长，一般不宜超过一小时，礼貌性拜访或者初次拜访的时间一般控制在 10～30 分钟。临别时要向主人道谢，如果带有礼物，则可以在进门时交给主人，也可以在告辞时请主人收下。

- 拜访者最好主动提出离开，不要等对方提出（应邀拜访除外）。离开时要和主人多次告别，不要扭头就走。

- 拜访后也要注意。不要认为完成拜访就结束了，实际上这是一个新的开始。要对拜访过程中客户提出的问题或者没有当场敲定的细节及时落实和回复，这样做能加深沟通的印象，让对方体会到你的热情与专业，进一步增加信任感，推动业务合作。

第 5 章

销售接待礼仪：你准备好了吗

5.1 最基本的接待礼仪：对待客户要一视同仁

中国自古以来就讲究礼尚往来、迎来送往。接待礼仪是表达主人情谊与礼貌素养最直观的体现。在商务交往活动中，恰到好处地运用商务接待礼仪，可以给来访客户留下良好的第一印象，为下一步深入接触打下基础，有助于商务交流活动的顺利进行。

个人或单位以主人的身份招待客人，以达到某种目的进行社会交往方式。接待也是一门艺术和学问，接待客人要有周密的部署，这样才能让来访者乘兴而来、满意而归。为了实现这一目的，在接待过程中要遵守一定的原则，以礼相待、充分准备、热情友善、守时守约等都是接待的基本原则，其中最重要的原则当属一视同仁。

1. 一视同仁最为重要

一视同仁的原则也是国际通行的接待礼仪原则，最重要的是要保持人格的平等，避免和克服"亢"和"卑"这两种不平等的交往态度。

在社会交往过程中，接待应不计对方身份高低、地位异同，单位、公司也要不计大小、级别，都应一视同仁、以礼相待，只有这样才能赢得来访者的尊敬和爱戴，才能达到交流信息、交流感情的目的。

> 张经理受邀参加 A 公司的年会晚宴。在宴会开始前，他按顺时针顺序发放自己的名片，其中有位人士其貌不扬，穿着打扮也很一般，便没有给这个人发放名片。在后来的敬酒环节中张经理才知道，原来那位其貌不扬的人士是公司的一个大股东，决策的话语权比他日常交往的部门经理还要厉害，顿时肠子都悔青了。

在接待工作中，如果客户有多人，那么"一视同仁"就是要让所有的客户都感受到被尊重，绝不能厚此薄彼。在具体运用礼仪时，可以根据不同的交往对象，采取不同的礼仪形式，但是在对客户表示恭敬和尊重的态度上一定要一视同仁。

例如，在门店接待客户时，不要忘记客户身边的人，尤其是跟随客户的另一半、小孩和老人，都要给予足够的真心关怀。在与客户聊天的时候，也要考虑到随行者的感受，给予他们关怀、照顾，让每个人都有面子，都能体会到你的真心，这样才能获得更多人的支持和赞同。绝不能顾此失彼，只一味讨好客户，却得罪了他身边的人。

2. 一视同仁不代表一刀切

一视同仁不代表凡事一刀切，一切雷同。虽然客户有大有小，经济实力有强有弱，消费金额有高有低，只要你心中充分尊重客户并在言行上表现出来，就不必在所有客户身上花一样的时间，也不必给所有客户同样的优惠条件。

做到一视同仁，还必须做到合理的"区别对待"。看到这里，你也许会有点疑惑，这不是明显的自相矛盾吗？

当然不是，拿最常见的折扣来说，我们给予客户的折扣都是不同的，比如采购 100 万元，折扣是九五折；而采购 300 万元，折扣就是八八折。也就是说，采购金额越大，给予客户的折扣就越大。如果没有区别对待，给予所有客户都是同样的八八折，就会造成不同客户间的不满，造成客户对促销政策的抱怨和不解，不利于激发客户的消费热情，反而会让销售业绩变得更差。而且这样做也不符合商业公理，实质上违背了一视同仁的原则。所以，做到一视同仁，就必须做到合理的"区别对待"。

5.2 接待来访人员的礼仪：做好充分准备

接待的准备工作就是为了接待客户而做的。在与来访者约定拜访事宜之后，就应该做好各项准备工作。

- 自我形象的准备。第一印象很难改变，尤其是与陌生客户见面，个人形象是至关重要的。所以，要提前打理好仪容、仪表，要注意从发型、服饰配饰、皮鞋有无光泽到头皮屑的清理、指甲的修剪等各种细节，争取给客户留下良好的印象。从这些细节中，客户一眼就能看出你的品位和个人素质、在公司的地位等信息。

- 了解客户的情况。要弄清客户来访的人数、性别、职务级别、是否有人同行、来访目的等。一般来说，拜访都是有目的而来、有备而来的，对客户的来访了解得越详细，越有助于做好准备工作。例如，我们需要根据客户的职务级别来安排接待规格，通常接待普通员工、部门经理、公司高管的交通、膳食、住宿等规格都是不一样的。

- 如果客户事先没有通知而"不期而至"，那么作为接待的主人，无论自己的工作多么繁忙，也要停下来，热情地接待客户。

- 接待地点的准备。一般在拜访前，都与客户约定了拜访的时间、地点，提前到达即可。如果接待外地来客，就要提前约定接待地点，是在公司会客室，还是在酒店、宾馆，抑或在饭店里边吃边聊，都有不一样的准备。

某广告设计公司的办公场所较小，没有专门的接待室，每次客户来访，负责接待的秘书小徐就拉一把椅子，让客户直接坐在她的对面洽谈。办公场地内各种设备的噪声很大，说话都要大声一些才能听得清。

结果可想而知，大订单的客户往往都会拒绝与他们合作。在这种接待场合下，很难让客户对你产生好感。最好划出一小块相对安静的、单独的接待

> 区域，让来宾可以方便就座，从容地谈话。如果公司内部的接待条件有限，还可以约客户在公共场所，比如咖啡厅、茶室等接待洽谈。

- 搞好环境卫生。在客户到来之前，要做好卫生清洁工作，营造良好的待客环境，完善个人和公司的整体形象，体现出对来客的重视。
- 准备好待客用品。在客户来访之前，需要准备必要的待客用品，以应对客户之需，比如水杯、茶叶、饮料、水果、面巾纸等。
- 准备好相关资料。如果是商业或其他会谈，则还要准备一些文具用品和可能用得上的相关资料，比如公司的宣传页、合同等。
- 准备好膳食、住宿。这一项不是必须准备的，要看客户的级别、个人意愿、私下关系等综合因素。在一般情况下，针对本地客户，临近午饭、晚饭时间，可以根据需要酌情做好膳食准备。也可在会面之初向对方表明留饭之意。假如"有朋自远方来"，则还需要为其安排住宿，提前沟通并遵循对方的需求与喜好。
- 准备交通工具。在接待远道而来的客户时，要事先考虑其交通问题，最好主动为其安排或提供交通工具。

5.3 因人而异：不同类型客户的接待礼仪

客户类型多种多样，来访目的也不尽相同。例如，有预约的来访者，有未预约的来访者；有的要见上级；有的是普通客户，有的是贵宾；有的是国内客户，有的是来自国外的客户。不同的客户类型，在接待礼仪上的差别非常大，这就要求销售人员做到因人而异。

1. 预约来访者的接待礼仪

- 接待人员应该立即起身向客户问好，同时向预约者通报，并引导客户与被访对象会面。可说："请随我来，×××正等着您。"
- 如果来访者早到，则应该请宾客至接待室休息，同时向客户表示将请示被访者能否提前会面。如果无法提前，则应该说"××正在处理一项紧急事务，马上就来，请您稍候"，这样会使对方感到愉快。如果来访者愿意等候，则应为其准备一些饮料、杂志等。

- 如果来访者迟到了，也不可表现出埋怨情绪，而应有礼貌地表示问候及关心。

> 小曹是某企业销售总监的秘书，负责接待来访的客户。销售部每天来访的客户较多，小曹每天的工作也非常繁忙。一天，有一位与销售总监预约好的客户提前半小时到达公司。小曹立刻通知了销售总监，而总监正在接待另一位客户，所以让小曹转告对方稍等。
>
> 小曹向客户转告说："王总正在接待一位重要的客户，请您稍等一下。"说完，小曹匆匆拉过一把椅子，说了声"请坐"，就去做其他事情了。客户对小曹的接待表现十分不满意。

在这个案例中，小曹的失误在于言语方面不够热情。小曹强调总监正在接待一位重要的客户，言外之意暗示了这位客户"是不重要的"，小曹应该说："请您稍等几分钟，总监处理完问题马上会见您！"另外，小曹要对不能及时接待的客户表示歉意，应该恭敬地请其坐下等待，为其倒水并闲聊几句，以免客户觉得自己不受重视，而不能随意地只说一句"请坐"。

2. 未预约来访者的接待礼仪

- 面带微笑，主动问候。询问来访者的意图，是会见公司有关人员，是对产品感兴趣，还是有问题需要处理，抑或是推销产品等。只有了解了对方的意图，才能从容应对。

- 如果被访者无法与来访者见面，则要立即向来访者说明情况，以免浪费双方的时间，使自己更被动。

- 当被访者无法接待来访者时，应主动询问来访者的意图，也可以让来访者留下联系方式，让被访者与之沟通，同时耐心听取来访者的其他要求。

3. 接待无法会见的来访者

当接待者不能接见来访者时，应该诚恳地说出恰当的理由，以免来访者误会。例如："非常抱歉，我正在召开紧急会议处理一个危机事项，无法离开，您能否改日再来？"态度应格外友善。如果来访者不愿离开，则要明确告知对方等待时间。

4. 接待贵宾的礼仪

- 提前了解贵宾的信息，如对方喜欢什么、不喜欢什么、有什么特殊爱好等。
- 重要贵宾需要提前悬挂条幅，在公司大门口需要摆放鲜花，以示欢迎。必要时，在大门口还要有迎宾人员负责迎接贵宾。
- 会议室、会客室里需要铺好地毯，摆放好话筒、名片牌、矿泉水等会议用品，各种物品应摆放整齐。
- 如果需要住宿、餐饮，则也要提前安排好。
- 贵宾到达后，应先请对方到贵宾室里休息。
- 一般会谈结束后还需要赠送纪念品，送行等环节也要注意礼节。

5. 熟人接待礼仪

如果是已经认识的客户，则在称呼上要显得比较亲切。也应该礼貌地问明其来意，但不能因为对方是熟人就任其随便进出，而应该按照接待程序办事。

熟人如果提前到访，则也需要将其引导至会客室里休息，然后通知被访者，得到同意后再引领与其被访者会见。

6. 外宾等国际接待礼仪

不同国家的文化习俗、习惯、思维方式、理解角度有很大的差别，所以，在交流过程中要相互尊重、谨慎从事。尊重习俗是国际交流中很重要的一条礼仪原则。一些在国内正常的举止，在一些国家会被认为是无礼甚至犯忌讳的。例如，韩国人对"四"非常敏感，韩国许多楼房办公室的编号都严禁出现"四楼""四栋""四室""四号"之类的名称，接待时也要注意，不要将其安排到带"四"的房间内。

"女士优先"是国际礼仪中一条重要的原则。在任何场合、任何情况下，男士都要在行动上从各个方面尊重女性、照顾女性、帮助女性、保护女性。

5.4 迎接礼仪：笑脸相迎的艺术

接待方往往会为了表示对客户的尊敬和重视，在迎宾地点举行的欢迎仪式。当有客人来访时，应立即与之打招呼。必须意识到大部分来访客户对公司来说都是重要的，要表示出热情友好和愿意提供服务的态度。同时要主动、热情地问候客户，轻轻点头并面带微笑。所以说，迎接礼仪也是一个笑脸相迎的礼仪。

1. 展现笑容是迎接礼仪的第一秘诀

俗话说，"伸手不打笑脸人""甘愿为笑脸人办事"，可见迎接礼仪中的微笑十分重要。

笑有很多种，如大笑、微笑、傻笑、似笑非笑等，其中微笑是最自然大方、最真诚友善的。微笑，是对客户的尊重和理解。另外，微笑也是一种国际通用礼仪，能充分展现你的热情、修养和魅力，也能体现真诚友善。微笑不仅可以缩短人与人之间的心理距离，而且还可以为深入沟通与交往创造温馨和谐的氛围。所以，在迎接客户、宾客时，要养成微笑的好习惯。

微笑是接待人员最好的工具，在有些情况下甚至不需要一言一行，只需一个微笑就可以打动客户。迎接礼仪的第一秘诀就是展现你的亲切笑容。比如在接见客户的时候，绝不能面无表情地说："有什么事吗？""请问你找谁？"像这样的迎接礼仪只会让客户觉得很不自在。而应面带笑容地说："您好，请问有什么需要我帮助的吗？"

微笑不仅是迎接礼仪的要求，微笑运用得好，还可以产生很大的经济效益。不少企业家都给予微笑很高的评价，甚至奉其为治店法宝、企业的成功之道。泰国曼谷东方饭店曾数次摘取了"世界十佳饭店"的桂冠，其成功的秘诀之一就在于把"笑容可掬"列入迎宾的规范中。名扬天下的希尔顿酒店甚至将微笑列为自己的经营理念。

"你今天对客人微笑了吗?"这是希尔顿酒店的座右铭。这家在全球拥有6 400多家酒店、业务范围覆盖全球199个国家和地区的国际知名酒店管理公司,为什么会把这句普普通通的话作为自己的经营理念呢?希尔顿酒店的创始人、董事长唐纳·希尔顿认为,是微笑给希尔顿带来了繁荣和兴旺。

在希尔顿看来,微笑是最简单、最省钱、最可行、最容易做到也是最有效的服务。更重要的是,微笑的成本极低,低到你几乎不需要付出什么。但微笑也是收益最高的服务,高到你可以赢得人心,赢得巨大的社会效益和经济效益。希尔顿要求员工不管多么辛苦、多么委屈,在任何时间、任何地点对任何顾客都要真诚地微笑,并提供微笑服务。

2. 其他迎接礼仪注意事项

- 仪容仪表端庄,着装整洁大方,女士要化淡妆。
- 遵循"客人至上"的原则,态度要亲切,以诚待人。
- 要有强烈的服务意识,能坚持微笑服务,有一定的自信心。
- 客人进门要起立迎接,安排就座。重要客人来访,应到门口迎接。客人落座后,应主动倒水招待。
- 同客人交谈时,应正视对方,同时注意倾听。谈话间如遇有急事需要离开处理,则应礼貌地示意客人稍候,并表示歉意。
- 接、递东西都要用双手,以示尊重。如果实在无法以双手奉物,则也要尽量以右手呈送表示礼貌,因为在一些国家视左手为不洁的象征。
- 无论客人是何种身份,都应视其为贵宾而诚挚相待,不要厚此薄彼,以怀疑的眼光看人,或通过穿着打扮来打量别人。

5.5 接待礼仪:给人一种宾至如归的感觉

"宾至如归,无宁灾患?不畏寇盗,而亦不患燥湿。"这句话出自《左传·襄公三十一年》。

宾至如归，体现了中国传统的"有朋自远方来，不亦乐乎"的文明待客之道。文明待客之道，既要热情有礼，也要提供便利；既要内提素质，又要外树形象。在接待的时候，如何才能让客户有宾至如归的感觉？

1. 日常接待礼仪

- 仪容仪表干净利落，以饱满的热情投入每一次接待中。根据场合、角色等因素来选择服饰，穿着整洁、得体，忌过分裸露。

- 熟悉接待的程序。问候、介绍、握手、引导、交换名片等细节在前面的章节中已经详细介绍了，遵循即可。

- 引导的细节也要注意。会面后，一般会将客户引导至洽谈室或会议室。引导的手势是：五指并拢，手心向上与胸齐，以肘为轴向外转。引领时，要走在客人左前方 2～3 步位置，与客人的步伐保持一致。遇到拐弯与楼梯，需要提醒对方注意。

- 搭乘电梯也有礼仪。请客人先进电梯，到达目标楼层时，应该说："到了，您先请！"客人走出电梯后，继续在前面引导方向。

- 会客室要精心安排。会客室要清洁卫生，桌椅摆放整齐，并适当准备一些水果、饮料、茶具等。如果是商业会谈，则还要准备一些文具用品和可能用得上的相关资料。同时，还可以在会客室里摆放一些鲜花。

- 会客室的座次安排原则。一般遵循右方为上、前座为上、居中为上、离门以远为上的原则。

2. 接待外地客户礼仪

- 接待外地甚至外国客人，应首先了解对方到达的车次、航班，安排与客人身份、职务相当的人员前去迎接。若因某种原因主人不能前往，那么迎接人员要向客人做出礼貌的解释。

- 接站及迎接人员应提前到达，恭候客人的到来。若迎接来迟，则是不守信誉的体现。

- 接到客人后,应首先问候一句"一路辛苦了",然后向对方做自我介绍。如果有名片,则可送予对方。
- 提前为客人准备好交通工具和住宿,向客人介绍住处的服务、设施,将活动的计划、日程安排等告知客人。
- 将客人送到住地后,主人不要立即离去,应陪客人稍作停留,热情交谈,可以向客人简要介绍活动的行程及当地的风土人情、景观特产等。考虑到客人旅途劳累,主人也不宜久留,离开时告知客人下次联系的时间、地点及自己的联系方式等信息。

5.6 招待礼仪:来宾接待的重中之重

早在魏晋南北朝时,为来客敬茶就已经成为人际交往的社交礼仪。而在现代社会,接待礼仪的讲究更多。在接待工作中,对来宾的招待是重中之重。良好的接待工作可以向来宾展示销售员个人形象、企业形象,其中接待礼仪得当与否在很大程度上决定着招待工作的成败。

1. 接待时间的选择

作为接待者,你不仅要知道来宾何时正式抵达,还要知道来宾要停留多久。假如没有特殊原因,主人一方通常不宜以节假日、午间、夜间作为招待来宾的时间。千万不要忘记预约登门的时间,提前做好各项准备。

为了防止来宾来访时"吃闭门羹",负责招待对方的有关人员须至少提前10分钟抵达双方约定的地点。必要时,还应专门在约定地点的正门之外迎候来宾。

2. 接待地点的选择

一般而言,在商务活动中待客的常规地点有办公室、会客室、接待室等。接待一般的来访者可选择自己的办公室。接待重要的客人,可选择专门用来待客的会客室。接待身份极其尊贵的来宾,还可选择档次高的会客室和贵宾室。招待来宾的地点确定之后，往往有必要对室内进行适当的布置。

- 光线的选择。接待室内应以自然光源为主、人造光源为辅，切勿光线过强或过弱。如阳光直射，可设置百叶窗或窗帘进行调节。接待贵宾的房间最好面向正南。

- 色彩的选择。现场主要装潢、陈设的色彩要有意识地控制在 1～2 种，最好不要超过三种，否则会让人眼花缭乱。现场的主色调不要选用过于沉闷的白色、灰色、黑色，也不要选用过于热烈的红色、黄色、橙色，更不要选用粉色、金色、银色，这三种颜色会给人轻浮之感。

- 温、湿度要适宜。冬季室温以 18 ℃～ 24 ℃为宜，夏季室温以 22 ℃～ 28 ℃为宜，湿度以 30%～ 60% 为宜，绝大多数人在此范围内都会感到舒适。

- 注意安静与卫生。待客的房间内一定要保持空气清新、地面墙壁无尘、窗明几净。地上可铺放地毯，以减少走动之声。茶几上可摆放杯垫，防止放置茶杯时发出声响。

- 室内陈设要务求实用，以少为佳。一般来说，在待客的房间内放置必要的桌椅和音响设备即可，必要时还可放置一些花卉。

3. 座次安排不要错

- 面门为上。采用"相对式"就座时，通常以面对房门的座位为上座，适合安排来宾就座；背对房门的座位为下座，宜主人自己在此就座。

- 以右为上。"并列式"排位的标准坐法是宾、主双方面对正门并排就座。此时以右侧座位为上，应请来宾就座；以左侧座位为下，主人自己在此就座。

- 居中为上。如果来宾较少，而东道主一方参与会见者较多，则往往由东道主一方的人员以一定的方式围坐在来宾的两侧或者四周，请来宾居于中央，呈现出"众星捧月"之态。

- 以远为上。离房门近者易受打扰，而离房门较远者受到的打扰较少，所以，来宾适合坐在远离房门的座位上。

- 自由为上。这一点也很重要。有时未来得及给来宾让座，来宾自行选择了座位并且已经就座，主人也应顺其自然。

4. 茶饮礼仪

在会客期间，一般会安排茶水或饮料。是喝茶、喝咖啡还是喝矿泉水，需要根据客户的需求来安排。

如果用茶水招待客人，那么在奉茶时要注意茶不要倒得太满，以八分满为宜，正所谓"酒满茶半"。茶水的水温不宜太烫，以免客人不小心被烫伤。上茶时应以右手端茶，面带微笑，放在客人右边。

5. 用餐与住宿安排

如果会见或接待时间较长，一般会为来宾或与会者安排会间的工作餐或特殊餐饮招待。在经济条件允许的情况下，可充分征求来宾的意见。关于宴请礼仪，后面会有专门介绍，这里先略过不讲。

如果接待外地客人，一般还要考虑住宿安排。住宿环境要干净、舒适，在房间分配上要征求来宾的意见，一般要将来宾引导送入房间。

6. 接待来宾的注意事项

- 注意习俗区别。古语有云："十里不同风，百里不同俗。"各地礼仪有所不同，在接待外地甚至国外客人的时候，一定要提前了解习俗上的差异。
- 注意接待礼仪。态度要热情，精神状态要饱满。接待全过程都要保持笑容，仪态要端庄，态度要热情洋溢，积极主动与来宾交流，营造温馨、轻松的氛围，避免冷场。
- 讲话要得体，多用礼貌用语，比如你好、谢谢、请、再见等。还要坚持"五不问"原则，即不问年龄、不问婚否、不问去向、不问收入、不问住址。有特殊要求需要对客人提出的，应委婉表达。
- 迎接普通来宾不需要献花，而迎接重要来宾可以献花，但一定是鲜花，忌用菊花、杜鹃等黄色花束。
- 热情挽留。告辞一般由客人先提出，主人先提出送客是极其不礼貌的。当来宾提出告辞时，主人通常应对其加以热情挽留，请对方"再坐一会儿"。若来宾执意离去，主人可在对方率先起身后再起身相送。

- 不要忘记送别。在来宾离去之际，出于礼貌，一般要陪着对方一同行走一段路程，或者特意前往来宾返程之处与之告别，并看着对方离去后自己再离开。

5.7　店铺销售中的迎宾礼仪

店铺销售人员直接与顾客打交道，其形象和言行直接关系着店铺的声誉，甚至直接影响着店铺的销售业绩。店铺销售的迎宾礼仪与之前介绍的迎宾礼仪有很多相通之处，同时又有自己的特点与要求。

1. 个人形象很重要

如果店铺有多名销售人员，那么在服装上要统一。如果小店铺的销售人员很少，不能实现服装的统一，也要做到整洁、大方。如果穿着邋遢、不整洁，则会给顾客带来不安全感，甚至会使得顾客对销售产品的品质与服务产生怀疑。

2. 保持良好的精神面貌

要保持良好的精神面貌，男销售人员要给顾客一种文雅又不失朝气的感觉，而女销售人员可以化一点淡妆。试想一下，如果因昨晚没有休息好，顾客见到的是哈欠连天的销售人员，会给顾客留下什么印象？

3. 热情迎接并微笑问好

要主动而自然地上前与顾客打招呼，亲切的问候会增强顾客对店铺销售人员的好感，同时也可以营造轻松、愉快的购物气氛，让顾客愿意在店内了解产品。

良好的问候语会让人感到温暖。在迎接的时候，应该面带微笑地说"欢迎光临"，也可以直接说"您好"，还可以根据时间情况说"早上好""下午好"或"晚上好"，这样会让顾客感到一种亲切感。需要注意的是，千万不要热情过度，否则会给顾客带来压力，干扰他们的选购。

在迎接顾客的过程中，不够主动、不够热情或者忽略顾客已经进店，抑或是在与顾客交谈中语速过快，都会让顾客觉得你没有耐心，会让顾客的情绪瞬间变差，很快便离开店铺。

4. 迎宾时要禁止的不文明举动

- 迎宾时男士不要吸烟，不要吃零食，也不要做抠鼻孔、剔牙齿、挖耳朵、打饱嗝、打喷嚏、打哈欠、挠头、修指甲、伸懒腰等各种不雅动作。
- 迎客时走在前，送客时走在后，客过时要让路，同行时不抢道，不允许在宾客中间穿行，也不可在店内奔跑追逐。
- 在店铺内及其他场合，都不得随地吐痰、扔果皮、扔纸屑、扔烟头或其他杂物。

> 一位年纪稍长的女顾客走进一家服装店，刚刚进门，便看见一位穿着工装、倒背双手、面带微笑的女销售人员迎了出来，并用亲切的话语向她打招呼："阿姨，您好，您需要什么？进来看看吧。"顾客虽然客气地回应了女销售人员的问候，但转了一圈就离开了，显然她对女销售人员的表现感到有些不满意。
>
> 很明显，这位女销售人员的着装及微笑迎客、打招呼做得很到位，不足之处在于她倒背双手，这样的错误站姿会让顾客感觉被监视，非常不舒服。倒背双手迎宾是非常不礼貌的行为，会让人感到对方傲慢无礼。

5.8 店铺销售中的接待礼仪

店铺接待非常重要，对销售人员来说，不会接待其实就是在拒顾客于门外。注重接待的基本流程细节，给客户最好的购物体验，这样才能更快地达成交易。

1. 基本接待礼仪

- 在着装方面，要强调销售人员的职业特征，给顾客清新明快、稳重的视觉印象。穿着要与特定的工作场合、环境相一致，与接待的顾客相适应，多名销售人员要统一着装，这样能够营造协调、气派的氛围，增强员工的自豪感，提高员工的自信心，同时也便于顾客识别，易于交流。

- 在营业前检查自己的仪表仪容，展现自信和良好的精神面貌，让自己看起来富有朝气。
- 要想成功地留住客户，销售人员一定要坚持微笑服务，让客户真正感受到被尊重。
- 迎客要有耐心、热心，要热情。在迎接的时候，应该面带微笑地说"欢迎光临"，在服务过程中要耐心、周到和得体，这样才能让顾客感到亲切和舒适，让顾客觉得购物也是一种享受，最终发展成为长期客户。

接待顾客的第一原则就是要做到尊重、以诚相待，将每位顾客都当作上帝来对待，这是一名优秀的销售人员要做到的第一步。

对顾客服务不热情，甚至是冷言冷语、恶语伤人，会让顾客不寒而栗。但要注意的是，如果热情过度，同样也会令人感到不舒服，影响顾客的购买欲望。

2. 接待顾客的时机与接待语的奥秘

迎宾的最大目的就是让进店的顾客感到舒服，不要产生陌生感和距离感。所以，在顾客进入店铺之前，我们就要提前进入迎宾状态。

如果一位男士刚进店，你就问对方"先生，您需要什么价位的""先生，需要帮忙吗"，那么对方往往回答"随便看看"，也可能会置之不理。

顾客一进门就推销产品会显得很生硬，甚至是尴尬。一般来说，顾客进店时都有一定的目标，在顾客还没有找到目标之前，或者没有找到自己感兴趣的产品之前，销售人员就喋喋不休地介绍产品，顾客往往会产生排斥心理。

所以，销售人员需要学会用余光观察顾客，观察合适的推介时机。时机过早，会招来拒绝；时机太晚，会让人感觉被怠慢、服务不周。

对于一进店就迫切寻找目标的主动型顾客，可以直接开展导购流程；而对于进店不说话、节奏很慢的沉默型顾客，一定要留给顾客选择的空间，要与顾客保持一定的距离，不要紧紧跟随。迎宾后，最好给顾客1分钟左右的独立浏览时间，之后再介绍产品或询问是否需要帮助。但是，当出现下面几种情形时，可以直接切入导购介绍流程。

- 顾客用手触摸商品看标签。
- 顾客一直注视同一商品或同类商品。
- 看完商品后，看向导购或销售人员。
- 犹豫不决，比如走着走着停下脚步，又走回去。
- 浏览商品速度很快，没有明显的目标物。

出现上面这五种情形，销售人员可以快速上前，抓住关键时机接近顾客。在这期间，看手机等与工作无关的事情都是被禁止的，否则你可能会失去销售机会。

3. 不要给顾客压力

在接待过程中，如果顾客产生了压力，就会造成心理紧张，产生戒备心，从而导致交易失败。给顾客造成压力的原因主要有：第一，让顾客掏钱太快带来的心理紧张；第二，侵犯了顾客的私人空间，比如一直跟随顾客，顾客都希望自由选择而不希望销售人员纠缠自己不放；第三，说话不当或者肢体行为不当，让沉默型顾客的戒备心增强，让顾客产生远离销售人员的想法。

那么，怎么做才能让顾客没有压力呢？

- 不要紧跟。与顾客至少保持1米距离，不要阻挡顾客前行的通道，不给顾客制造任何的心理压力。
- 说对话。尽量避免用提问的方式接近顾客，例如："你好，您是要买××产品吗？""你喜欢的话，可以体验一下。"这种发问式的话语会给顾客造成很大的压力，导致顾客用逃避的语言来保护自己——随口说出"随便看看。"

4. 巧妙接近顾客的开场语

以服装店铺为例，服务员接待了一位先生，通过下面的方法可以快速开场。

- 赞美法。例如："先生，您真有眼光，这是我们店里的最新款，这个款式风格很独特……""先生，您的眼光真好，这是我们店里最新上架的，非常适合像您这样的人士，您不妨感受一下。"

- 单刀直入、开门见山法。例如:"先生,这款产品现在卖得非常好,我来帮您介绍一下……"
- 突出特点法。例如:"先生,您好!这款是时下最流行的款式,不但能彰显您的品位,而且它的面料还特别……这边请!我为您详细介绍一下。""先生,您好,这款是我们店里刚刚上架的最新款式,款式简练,与众不同,我帮您打开看看……"

5.打破沉默型顾客的购买障碍

只要顾客不开口,我们就永远没有机会,因为你不知道顾客在想什么、需要什么。不管我们怎么努力,总会有一部分顾客说"随便看看"或一直沉默,我们又该怎么处理呢?

在接待顾客时,你可能会说"没关系,您先随便看看""您先看看有没有喜欢的,有需要请叫我"这样的引导语,虽然你把选择权交给了顾客,但没有引导顾客进入购买阶段,有些消极等待。

如果你采用下面这样的说法,就可以巧妙地接近顾客,推进销售进程。例如:"我们最近新上架了一款很不错的衣服,很多顾客都很喜欢,您可以先了解一下,来这边请……""您现在不买也没关系,您可以先了解一下我们的衣服,我帮您介绍一下。请问,您比较喜欢什么面料的衣服?"

先认同顾客,缓解顾客的心理压力,然后话锋一转,开始介绍产品,这时候顾客往往会感到盛情难却。

6.不同类型顾客的接待方式与接待礼仪

- 针对犹豫不决型顾客要帮助其做决断。这种类型的顾客比较敏感,在接待的时候销售人员不可马上直白地推销顾客所需的产品,这样会使顾客产生不信任感;而应"暗渡陈仓",先实事求是地介绍有关产品或服务的情况,让顾客自己进行比较,再从中选择产品。
- 针对注重性价比型顾客要多赠送。这类顾客最讲究产品的性价比,希望花最少的钱买到自己最满意的产品。他们喜欢砍价,还喜欢挑毛病,往往挑的毛病越多，说明他们的购买欲望越强。在接待这类顾客时，一要突出产品的价值及附加值，明确告知顾客购买该产品或者服务能给其带来什么效用；二要突出产品的优点，与同类产品或者相关的替代品在价格、性能和质量上进行对比，让顾客通过自己的比较判断得出结论。另外，还可以多赠送一些小礼品，比如买一送一、买一送二等。

- 针对傲慢无礼型顾客要多夸赞。这类顾客往往目空一切，喜欢销售人员夸赞他。他们往往喜欢销售人员给其"戴高帽"，最好是多尊称他的头衔，多去夸赞他，他的自尊心才能得到满足，才有可能达成交易。

- 针对自我炫耀型顾客需要满足其自尊心。这类顾客的虚荣心很强，无论在哪种场合总是喜欢炫耀自己、表现自己、彰显自己。在接待这类顾客时，千万不要与其争辩，如果你伤害了他的自尊心，他就无心与你沟通，你就失去了销售机会。

- 针对理智型顾客要多倾听。这类顾客表现得比较老练、沉稳，一般不轻易开口说话，通常会以平和的心理与你沟通，并不急不躁地和销售人员攀谈，不愿接受销售人员的介绍及建议。在接待这类顾客时，销售人员要以静制动，注意倾听比说更重要。从细微处入手，从礼仪中互动。切忌上前"进行指导"，只有在顾客确实需要你时再开口，此时说话一定要有力度、有自信，要让他"刮目相看"，认为你确实是行内专家。

- 针对防范型顾客要投其所好。这类顾客形成了一种防范心理，不管你给他推介什么，他总是会说"我还不需要"。接待这类客户要抓住他们的"喜好"，投其所好，先培养感情，之后再谈事情，他们如有需求，肯定能销售成功。

- 针对挑剔型顾客要多多理解、仔细倾听。这类顾客心思细腻、思考周密，能够在产品或服务的细节方面发现问题，并对销售人员采取苛刻、强硬的态度，期待销售人员来解决这些问题。接待这类顾客，要允许他们发泄心中的不满，仔细倾听顾客的"挑剔"，让顾客感受到你对他的尊重。要从顾客的角度来理解其挑剔的原因，要避免责备顾客。最后，当你提出方案解决了顾客的问题后，就达成了销售。

- 针对牢骚抱怨型顾客要敢于笑脸相迎。这类顾客遇到一点儿不满就牢骚满腹、抱怨不已。其实，接待这类顾客千万不能回避，敢于笑脸相迎才是一个合格的销售人员。让顾客尽情地发泄，在顾客发泄时你要不断地点头，不时恰当地"附和"顾客，并保持眼神交流。俗话说，"有抱怨才有生意"，待顾客发泄完，就有可能销售成功。

7. 店铺接待禁忌与注意事项

- 忌一言不发。在接待过程中千万不要一言不发。在顾客侃侃而谈的过程中，如果你始终保持沉默，则会被顾客视为对所谈论的内容不感兴趣，或者反感这类话题，从而导致沟通中断及销售失败。
- 忌打断顾客。在一般情况下，销售人员都不应该打断顾客。如果确实要表达自己的不同见解，也要等待顾客把话讲完并征得顾客同意后再来表达，注意插话时间不宜过长。
- 忌在交谈中争辩。有的销售人员喜欢与别人争辩，喜欢强词夺理，殊不知，这种得理不饶人的销售人员最不受顾客欢迎。
- 忌谈论隐私与短处，忌恶语伤人。每个顾客都有自己的隐私或短处，当顾客有意回避不谈时，销售人员不能打破砂锅问到底，更不能"哪壶不开提哪壶"。
- 忌在顾客面前贬低竞争对手，忌卖弄专业术语。
- 对顾客要一视同仁。在两位顾客同时在场的情况下，切忌对其中一位顾客过分亲热或长时间交谈，而冷落了另一位顾客。

5.9　店铺销售中的送客礼仪

送客是一件小事？非也，你的一个不经意、不周全的小动作或小细节就会给客人带来不悦，甚至是伤害。

一项研究发现，人们对一段体验的评价主要由两个因素决定，一个是过程中的最强体验，另一个是结束前的最终体验，而其他体验几乎对人们没有影响。这就是"峰终定律"。也就是说，一段体验的高峰和结尾如果是愉悦的，那么整个体验就是愉悦的。

> 经常去宜家购物的人可能都会有过这样的体验：店员不多，有时需要自己从货架上搬运货物，结账要排长队。但即便如此，大家在宜家的购物体验还是非常好的。这是为什么呢？因为宜家带给大家的"峰终体验"是极好的，比如，离店时，出口只卖一元一支的冰激凌。在购物结束之前，吃上一支既美味又便宜的冰激凌，之前的所有糟糕体验就会被抛到脑后了。

顾客离店的送客礼仪非常重要，我们必须注意送客的基本礼仪及注意事项。

- 顾客不想离开时绝不能催促，也不要做出催促顾客离开的各种错误举动。
- 顾客结账后，递交商品给顾客时，一定要双手奉上。如果物品较重，则应该替顾客代持重物送至门外，让顾客感受到你在为他着想。
- 在送客的时候，销售人员要亲切相送，表达依依不舍之情，并表示希望再次见面的期待之意。在送客到达门口时，销售人员一般要主动将大门打开，站立于门右侧，鞠躬向客人致谢道别："谢谢光临，请慢走，欢迎下次光临！"
- 送客语的选择。俗话说，"买卖不成情义在"，无论是顾客挑拣了半天分文未花，还是高高兴兴地满载而归，作为销售人员，都要发自内心地说一句"欢迎再来""谢谢您的光临""再见"或"您慢走"等道别语。
- 注意顾客有无遗留的物品。在顾客临走时要帮忙留意是否有物品遗漏，不要让顾客回头再来一趟，这是一种体贴顾客的行为，同时也减轻了自己保管顾客物品的麻烦及责任，对双方都有好处。
- 送客一般送到门外或店铺外，叮嘱顾客要小心慢走。如果有台阶，则要提醒顾客下楼注意台阶。
- 对于外地顾客及初次远道而来的顾客，更要表达关心之情，在其离开前应询问是否熟悉回程路线及搭乘交通工具的地点和方向，避免其走错路。
- 如果条件允许，对待年老体弱的老年顾客，则还应视情况需要，帮助其下楼，再与之道别。
- 如果是餐饮类门店，在送客过程中可以礼貌地征询顾客对菜品、服务及其他方面的意见。若顾客留下意见，待顾客走后一定要及时登记反馈。

第6章
交谈礼仪：务必要言之有"礼"

6.1 谈话礼仪：听其言，观其行

谈话是人际交往的主要手段，也是交流感情、增进了解的重要工具。中国人讲究"听其言，观其行"，把谈话作为考察人品的一个重要标准，可见谈话在人际关系中的作用多么重要。正所谓"一人之辩重于九鼎之宝，三寸之舌强于百万之师"，在人际交往中谈话得体与否，常常决定着交流是否顺利，甚至影响业务及事业的成败。

1. 谈话的规范

谈话离不开语言，这就要求我们在社交场合中使用文明、礼貌、准确的语言，遵守相关的礼仪规范。

- 谈话要尊重他人。谈话者的态度和语气都极为重要，在谈话过程中要尊重他人。不能谈起话来滔滔不绝，在说话的时候也不能危言耸听，也不可以自我为中心，不顾他人感受。
- 谈吐要文明。不说粗话、脏话、黑话、荤话、气话。如果与多人一起谈话，则不要突然对其中的某个人窃窃私语。
- 面带微笑，多用礼貌用语，当然还要熟练运用告别语和答谢语。"请、您、您好、谢谢、对不起、没关系、再见"，这七大礼貌用语人人都应重视并恰当运用，会给你的人际交往和商务活动带来诸多便利。

- 要一视同仁、以礼待人。当谈话者超过三人时，应不时地与其他所有人都谈上几句，不要只与一个人侃侃而谈而冷落了其他人。在谈话中，对待上级或下级、长辈或晚辈、女士或男士等，都要一视同仁，给予同样的尊重。
- 语言要准确。发音要准确，语速要适中，语气要谦和，内容要简明，不要使用方言。
- 在谈话过程中因故急需离场，应向在场者说明原因并致歉，而不要一走了之。

2. 谈话话题的选择

言为心声。谈话的内容及话题有很多，商务拜访或者销售人员的谈话内容基本上都是既定的相关话题，这也是最常见的话题。当然，在谈话前也可以聊一些轻松的、时尚热门的话题等。

在谈话时，如遇有人想同自己谈话，则可主动与之交谈。如果话题过于专业，或者大家都不感兴趣，面露厌倦之意，则要立即停止。如果谈话中一度冷场，那么最好转移话题，设法使谈话继续下去。

3. 谈话中的体态语规范

- 在姿态方面，站姿、坐姿要优雅，手势语要清晰。
- 在表情方面，目光专注，注意聆听，面带微笑。
- 谈话时应保持平视，避免仰视与俯视，因为仰视会显得谦卑，俯视会显得傲慢。谈话中应轻松、柔和地注视对方的眼睛，不要东张西望，也不要把眼睛瞪得溜圆，或盯住别人不放。
- 不要出现揉眼睛、伸懒腰、挖耳朵、摆弄手指、频繁看手表等不尊重别人的举动，这些举动会使人感到你心不在焉、傲慢无礼。
- 态度要诚恳、亲切。谈话中一定要给予对方认真、和蔼、诚恳的感觉。谈话时的态度是决定谈话成功与否的重要因素，因为在谈话时，双方始终都相互观察着对方的表情与神态，反应也极为敏感，稍有不慎就会使谈话不欢而散或陷入僵局。

4. 保持合适的交谈距离

在商务活动中，根据其环境、活动的对象和目的，选择和保持合适的距离是极为重要的。

对此，美国人类学家爱德华·霍尔博士提出了人际交往的四种距离理论，主要内容如下。

- 45 cm 之内的亲密距离，这是人际交往中的最小间隔。父母、夫妻、情侣、熟悉的朋友之间才会在这一范围内交谈、接触。如果距离在 15 cm 之内，那么彼此间可能有肌肤相触，相互能感受到对方的体温、气味和气息。如果距离在 15～45 cm，那么肢体上的接触可能表现为挽臂执手或促膝谈心，仍体现出亲密友好的人际关系。

- 个人距离，范围为 45～120 cm，这是在进行非正式的个人交谈时经常保持的距离。与他人谈话时不可离得太近，一般保持在 50 cm 以外为宜。熟人、朋友直接交谈经常保持这个距离。

- 社交距离，范围为 120～370 cm，一般在商务、公务、工作场合多保持这种距离交谈。在小型招待会上，与没有过多交往的人打招呼也可保持此距离，能体现出一种社交性或礼节上的较正式关系。一般在工作环境和社交聚会上，人们都保持 1.2～2.1 m 的近范围距离。

- 公众距离，范围为 3.7～7.6 m。这一空间距离较大，适用于演讲者与听众、彼此极为生硬的交谈及非正式的场合。

5. 谈话中的敬语与措辞

在谈话时，措词要谦逊、文雅，对他人要多用敬语、敬辞，对自己则要多用谦语、谦辞。

- 在日常生活和工作中，经常使用的敬语有"请""您""阁下""贵方""贵单位"等。

- 在商务交往中使用频率较高的敬语也有很多，比如，初次见面称"久仰"，很久不见称"久违"，求人原谅称"包涵"，麻烦别人称"打扰"，向人祝贺道"恭喜",请人受礼称"笑纳",欢迎购买称"惠顾",称赞别人的见解称"高见",陪伴友人称"奉陪",等候客人称"恭候",请人指点称"赐教",中途先走称"失陪",不劳远送称"留步"等。

- 书面语及书信中的自谦词主要有"愚""鄙""学生""晚生"等,表达对对方的尊重。
- "家大、舍小、令外人",这是谦词和敬语用法的七字诀。"家"是在别人面前称自己的长辈和年长的平辈用的谦词,如"家父""家母"等。"舍"是在外人面前称比自己年龄小的平辈及家人用的谦词。凡是称呼辈分小、年龄小的家人都应冠以"舍"字,如"舍弟""舍妹""舍侄"等。"令"也是敬词,凡是称呼别人家中的人,无论辈分大小、男女老幼,都冠以"令"字,比如,称呼别人的父亲为"令尊""令严",称呼别人的母亲为"令堂""令慈",称呼对方的妻子为"令正"(或称"尊夫人""贤内助")等。
- 敬语的使用要注意场合、对象。针对不同的对象,要采用不同的敬语。例如,同样是询问年龄,对长辈应该说"您老人家高寿",而对平辈一般说"请问阁下贵庚"。

6.2 开场白礼仪:好的开场是成功的一半

高尔基曾说:"最难的是开场白,即第一句话,如同在音乐上一样,全曲的音调都是它给予的,平常却需要花好长时间去寻找。"他认为开场白至关重要,如同音乐的"定调",规定着一支曲子的基本面貌和基本风格。瑞士作家温克勒说:"开场白有两项任务,一是建立说者与听者之间的感情;二是如字意所示,打开场面并引入正题。"

客户对销售人员的第一印象取决于销售人员的衣着与言行举止,第二印象就取决于这短短的开场白。只有说好了开场白,才能给客户留下良好的印象。如果是客户主动约见销售人员的,那么,客户的开场白就决定了销售人员的开场白。但是,如果是销售人员主动拜访客户的,那么开场白就显得十分重要。

对于销售人员来说,开场白的目的就是吸引客户的注意力,引起客户的兴趣,使客户乐于与我们继续交谈下去。好的开场白是业务成功的一半，因为大部分客户在听销售人员说第一句话的时候要比听后面的话认真得多，并由此决定是离开还是继续交谈下去。因此，销售人员只有说好了开场白，才能迅速吸引客户的注意力，并保证谈话及访问顺利地进行下去。

"张经理，我今天过来是要告诉您能让贵公司节省一半电费的方法。"

"陈总，您愿意每年在排污处理上节省50万元吗？"

几乎每个人对钱都感兴趣，而省钱和赚钱的方法都很容易引起客户的兴趣。销售高手就是通过这样创造性的开场白来吸引客户关注与交谈，从而成功销售产品的。

1. 开场的方法

下面几种开场的方法也非常值得销售人员借鉴与学习。

- 用赞美法开场。例如："听说您是这方面的专家，所以我很想和您交流一下。"赞美必须要让对方感受到你的诚意。例如："张总，您这房子真漂亮。"这句话听上去就不够真诚，就像客套话一样。而如果你这样说："张总，您这房子大厅设计得真别致，肯定是找知名设计师设计的吧。"这样听起来就是赞美了。

- 提及客户熟悉的第三方。这是一种迂回战术，因为每个人都有"不看僧面看佛面"的心理，所以大多数人对朋友介绍来的销售人员都会很客气。例如："是您的朋友张先生介绍我与您联系的，他说您近期想购买几台电脑。"

- 提及客户的竞争对手。例如："我们刚刚和××公司有过合作，他们认为……"客户一听到竞争对手，往往就会把注意力集中到你要讲的内容上。

- 提及客户现在可能最关心的问题。以销售环保设备为例，销售人员可以这样开场："听您的朋友提起，您现在最头疼的问题是污染物超标问题，虽然调整了工艺，但这个问题还没有从根本上改善，而我们这套设备……"

- 用数据来引起客户的兴趣和注意力。例如，销售某款AI电话软件，销售人员可以这样开场："使用我们的软件一天可以自动拨打2 000通电话，是传统人工方式的10倍以上。您是否有兴趣了解一下？"

- 让客户产生紧迫感。例如："我们的优惠活动可以帮您节省近一万元的费用，活动截止到 5 月 15 日，所以想让您知道。"这种时间的限制会让客户产生紧迫感，这时他们往往乐于听你继续说下去。

上面介绍的这几种开场方法可以交叉使用，重要的是销售人员要根据实际情况做出合适的选择。

2. 开场白的构成

只有通过颇具吸引力的开场白，才能赢得客户的注意，向成功销售迈进一大步。

一般来说，开场白包括以下几部分。

- 打招呼及寒暄。感谢客户接见你并寒暄、赞美。通过问候语是打开话题、博得客户好感的最容易、最直接的方法。但要去掉那些空泛的言辞和多余的寒暄，在表述时必须生动有力、语句简练。
- 自我介绍或问候。
- 介绍此次来访的目的，要突出给客户带来的价值，从而吸引对方。
- 转向探究用户需求。向客户提问题是引导客户的关键。为了使客户开口讲话，一定要以提问来结束你的开场白；否则，会使拜访陷入暂时的僵局。

这是一个循序渐进的过程，销售人员应当针对不同客户的具体情况、身份、性格特征及需求，有针对性、有技巧地设计能吸引客户注意的开场白。

3. 设计开场白的几种方法

"先生，这个 ××× 您需要吗？""抱歉，打扰了，请问这个 ××× 您需要吗？"这样的开场白，十之八九会碰壁。原因也很简单，一开口就谈生意，张口就问要不要，闭口就问买不买，这样的开场白没有任何吸引力，反而会引起客户本能的反感与拒绝。下面介绍几种开场白的设计方法：

- 提问式开场白。销售人员可以找出一个和客户需要有关系的，同时所销售的产品能够给客户带来成效的切入点，以得到对方的正面答复。例如："您希望降低 25% 的原料消耗吗？您看过我们的产品吗？"

- 赠送礼品开场法。这种方法适合单品价格不高的商品推销方式，比如，我们在超市里经常看到很多食品、饮料先邀请你免费品尝，再推荐你购买。在其他场合要注意所赠送的礼品一定要与所销售的产品有关系，这样才能在赠送礼品的同时顺便提起要推介的产品。
- 借题发挥法。先不直接明言，而是借别的问题加以发挥，再逐步引入正题，这也是一种常见的开场白方法。
- 借助权威来开场。可以借助权威机构、权威专家及行业大公司的威望来开场。例如："张总好，我是××研究院的张鑫，今天和您分享一条对您非常有帮助的信息。"这样的开场白可以实现开场即做到吸引、说服客户的目的。此外，也可以借助客户知晓的同行业公司或者客户崇拜的名人来开场。
- 拉家常式的开场白。如果销售人员在接触客户说开场白时，能和客户谈论一些家常，则也能很好地增进彼此的亲切感，为销售工作打下良好的基础。例如，可以就家乡、校友、共同的兴趣爱好等方面来开场聊天。

6.3 交谈中发表不同意见的礼仪

说话是一门艺术，每个人也都有表达不同观点的权利。不管是在销售工作中还是在生活中，在与他人沟通交流时，我们经常需要拿出勇气来表达自己的看法。但大千世界，芸芸众生，在谈论同一问题时，由于每个人的性格及看问题的角度都不一样，产生不同的意见和观点也是难免的，发生分歧也是常有的事情。在销售过程中，如果发表意见的方法不正确，则很可能会使人处于尴尬境地，甚至得罪对方，导致沟通及销售失败。

面对不同的意见，客户喜欢意见相同的人还是持有异议的人？相比那些一向附和自己观点的人，人们更喜欢那些在自己的影响下改变观点的人。这就是著名的"改宗效应"。当一个观点或看法对某人来说十分重要的时候，他用这个观点使得一个反对者改变其原有意见，实现与自己的观点一致，那么他就会更倾向于喜欢这个反对者，而不是那个自始至终与自己意见一致的人。

对于销售人员来说，如果与客户的观点不一致，在听取了客户的表达之后，改变了自己的看法，从而与客户的意见或看法达成了一致，你就会受到客户的欢迎。

1. 表达不同意见的几种方法

在销售或商务活动中，如何发表不同的意见，才能让大家接受你的观点或看法，从而赢得主动呢？在这里介绍以下几种方法。

- 商量法。尽量用商讨或询问的口吻，不能用命令或过于绝对的语气。商量是尊重他人的表现，如果你非常尊重对方，即使对方不想认同你的意见，也会充分考虑你的意见，并给予相应的尊重。
- 辩证两分法。先肯定对方的意见有合理的因素，再提出自己的不同意见，这样显得公正和客观，也容易让对方接受。假如生硬地直接说出自己的意见，则容易形成紧张气氛，形成对立。
- 借助法。借助他人的观点或做法来替代自己的不同意见。例如："某某公司也遇到了这个问题，他们是这样解决的，效果不错，我们是不是也可以借鉴？"
- 以退为进法。在表达不同的意见时，应该先退让一步，表示自己在某些方面同意对方的意见，也仔细地考虑过对方的意见，再说明自己的建议，这样对方更容易接受你的观点。

2. 表达不同意见的注意事项

- 要回避焦点，缓冲正面的冲突与纷争。你可以先表示同意对方的观点，但说明有些人不赞同，再针对不完善的地方提出建议。
- 褒贬倒置，营造和谐气氛。在提出反对意见前，告诉对方有些人也有同样的观点。把批评性的话语先以表扬的形式讲出来，比如，你可以这样说："你提的意见很好，不少人都和你一样的看法，不过……"这样可以帮助你在和谐的气氛中否定对方的意见。
- 可以先重复对方的意见，以提醒对方再次考虑他的意见。在发表不同意见的过程中，有的人说话时可能会粗心大意，这时你不妨用询问的口气、适宜的语调重复对方的意见，希望得到对方的再次证实，使对方能重新思考，并加以修正。

- 用幽默或善意的玩笑来沟通双方的情感。有时候还可以用幽默的方法，突然转换话题或者自嘲一下，往往会收到意想不到的效果，但注意不要用尖酸刻薄的词语。

6.4 说服礼仪：依靠理性和情感的力量

在商务交往及工作、生活中，你随时都可能会遇到说服别人的情形，要说服的对象也非常多，可能是你的客户、领导、父母、朋友……怎样才能说服他人？

1. 说服要靠"理性+情感"

说服他人，要从感性和理性两个方面共同努力，正所谓"动之以情，晓之以理"。

- 在感性层面，要善打感情牌，通过合适的语言并用情感去说服对方，因为每个人都有同理心、恻隐之心和责任感，容易产生情感共鸣、共振。
- 在理性层面，跟对方摆事实、讲道理，从而让你的话语更具现实意义。在商务谈判中，应努力寻求并强调与对方立场一致的地方；对于立场上的某些分歧，可以提出一个美好的设想，以提高对方接受劝说的可能性。向对方说明利弊得失，这样对方会感到客观、合乎情理，更容易接受。

在介绍产品时，不要固执地从销售人员自身的角度出发，而要寻找一个对顾客有利的角度，说服其转变态度。

2. 说服他人的基本要诀

- 说服前请建立起良好的人际关系，取得他人的信任。当对方情绪激动或不稳定时，当对方有敬重的人在场时，暂时不要进行说服，避免让对方丢了面子。
- 分析你的意见可能导致的影响或后果。向对方诚恳说明接受意见的充分理由，以及由此产生的利害关系，这样会使人感觉你的观点客观、符合情理，对方也会觉得你诚实、可信。

- 简化对方接受意见的程序。在商务谈判场合，当对方初步接受你的意见时，为了避免其中途变卦，要简化确认这一结果的程序。例如，提前准备好协议书草案让对方签署，当场取得被说服者的承诺。
- 寻找共同点征得对方认同。可以利用双方共同感兴趣的问题作为跳板，因势利导地解开对方的思想疙瘩，这样一来说服才能奏效。
- 要有耐心，不可急于求成。不要操之过急，先谈好的消息和有利情况，再谈坏的消息和不利情况。有利信息要多次重复，强调相互合作、互惠互利。

3. 有效说服的三大方法

- 给对方下台阶的机会。当对方自尊心很强而又不愿承认自己的错误时，不妨先给对方一个台阶下，说说他正确的地方，给对方提供一些自我安慰的条件和机会，对方就会感觉自己有面子，更容易接受你的说法。
- 比较法。用比较的方法说服对方，比直截了当地反驳效果要好得多。你可以列举对方比较熟悉的资料和例子进行各方面的比较。例如，在销售产品时，当对方对产品或服务提出非议或者不合理的要求时，可以选择对方熟知的品牌就关心的话题进行对比，这样的说服效果更好。
- 沉默法。当对方提出反驳意见或故意刁难时，对于那些不值得反驳的意见，不要有强烈的反应，可以选择保持沉默。这样对方就会觉得自己所提的问题可能没有什么道理，人家根本就不在意，也就不再坚持自己的意见了。

4. 增强说服力的四大心理学方法

- 利用"居家优势"。有人曾经按支配能力（影响别人的能力），把一群大学生分成三个小组，让他们讨论同一个问题。最终的研究结果发现，讨论的结果总是按照寝室长的意见行事，即使寝室长是低支配力的学生。这就是著名的"居家效应"，即一个人在自己熟悉的环境中能产生一种优势心理效应。

所以，一个人在自己熟悉的环境中比在别人的环境中更有说服力。在商务交往中，如果不能在自己的办公室里讨论事情，也应尽量争取在中性环境中进行，这样对方就没有了"居家优势"。

- 使自己等同于对方。许多研究者发现，如果你试图改变某人的个人爱好，你越是使自己等同于他，你就越具有说服力。一位优秀的销售人员总是使自己的声调、音量、节奏与顾客相称，甚至身体姿势、呼吸节奏等也无意识地与顾客一致，这样往往更容易成功，这是因为人类具有相信"自己人"的倾向。

- 反映对方的感受。研究表明，在下结论前，说明一下双方的观点，要比只讲自己的观点更有说服力。

- 运用具体情节和事例。优秀的劝说者都清楚地知道，个别具体化的事例和经验比概括的论证和一般原则更有说服力。要想说服对方，可以旁征博引，介绍具体的真实案例，比空洞的说教更有效果。

互惠、承诺和一致性、社会认同、好感度、权威性及稀缺性这六种劝说技巧在特定的情形下会非常奏效。限于篇幅，此处不再详细介绍。

6.5 把握说话时插话的分寸

英国一位哲学家曾说："插嘴和辩论不符合礼节的要求，在他人谈话的时候插嘴是一种最大的冒犯。"在别人谈话过程中插嘴的确非常不礼貌。在多数商务场合中，一定要避免频繁插话。但对销售人员来说，有的时候插话反而是必需的和必要的。

在交谈过程中，插话是非常讲究时机和技巧的，恰当而奇妙地把自己的话插入谈话的正题中去，不仅不会令说话者陷入尴尬的境地，还能引导和激发对方的谈话兴致，让对方继续说下去，从而有助于交谈和谐、融洽地进行。但是，由于场合与面对的状况不同，插话也要使用不同的方法。

1. 插话的时机与方法

- 当对方心情不好时可适时插话。在谈话过程中，假如对方脾气不好或心情波动较大，交谈不能很好地进行，可适时地插进一些话来疏导对方，比如，"你今天似乎很烦躁""你心里很难受吧""你肯定很生气吧"，听到这样的话，对方往往会向你发泄一番。当对方发泄完后，就会感到轻松许多，就可以继续交谈下去了。注意，插话时不要轻易对对方的话题做出评价。

- 当对方迟疑不决时可适时插话。在交谈过程中，当对方遇到某个问题表现出迟疑不决、吞吞吐吐、欲言又止的样子时，可以适当插话，打消对方的顾虑，比如，"你是怎么认为的""我对你说的这个很感兴趣"等。让对方知晓自己愿意听他说话，激发对方继续说下去的欲望。
- 当对方急迫地想让我们理解他的谈话内容时，也可以适时插话。这时，可把对方表述的观点总结或者复述一下，比如，"你的意思是……""你是想告诉我……"等。当你知晓了对方的意图后，对方就会继续说下去。
- 通过体态语适时插话。比如，在给对方竖大拇指点赞，或轻轻鼓掌示意称赞之际，对方会稍有停顿，在表情或语言上也会有所反馈，此时可顺势插话。

2. 插话的注意事项

- 不要随意打断别人。人们在说话时都不喜欢被别人打断，所以插话肯定要留意选择恰当的时机。在对方说话的间歇，简洁表述一下自己的观点和看法，可避免引起对方的误会和反感。
- 插话也要学会顺从。插话应尽可能顺着对方所说的话题展开。如果需要转换话题，则应先对对方的观点予以肯定和赞同，再用"不过""但是"等转折词过渡，这样能有效避开对方的误会和反感。
- 插话要留意措辞方式。插话最好选择中性感情色彩的措辞，既不要对对方的谈话内容及言论发表任何评判，也不要对对方的情感做任何是与非的表达。
- 插话时切忌把个人立场强加于他人，否则就会陷入倾听的误区，使交谈失去意义。
- 插话要做到真诚、和善。如果自以为是、心高气傲，或者想哗众取宠，那么只能暴露插话者的粗浅和无知，自然会导致插话的失败，导致人际关系紧张。
- 插话要插在点子上。插话一般是对讲话者所讲的内容进行补充或者强调，因此，插话应该与整个交谈的主题有密切关系。如果可插、可不插，就最好别插话，否则会适得其反。
- 避免争论。即使对对方的言论有相反的看法或者意见，也不要插话打断对方，要先让对方表达完整和清楚，再发表自己的看法或者意见。

- 要注意插话的频率。插话的频率不宜过高，以免打乱正常的谈话节奏，让对方心生不满。

6.6 以礼相拒更有效

对于拒绝，喜剧大师卓别林曾说："学会说'不'吧！那样，你的生活将会美好得多。"一位美国作家指出："学会在恰当的时机、选择恰当的方式表达拒绝，我们的人生会轻松很多。"在很多时候，我们虽然遭遇了挫折与不如意，但是碍于情面，并没有拒绝他人，从而导致自己陷入痛苦之中。

在商务交往及日常工作、生活中，拒绝别人也是常有的事，如何拒绝才能让对方欣然接受？掌握拒绝的礼仪，可以减少纷争，塑造和谐的人际关系。拒绝得体，回答委婉，不仅是对别人的关心和尊重，也是对自己的关心和尊重。

当我们对对方的要求"心有余而力不足"时，不妨采用转移的方法，它可以充分表达我们的诚意，从而得到对方的理解。

在通常情况下，采用转移法委婉拒绝他人的请求时，并不需要刻意掩饰你的真实态度。恰恰相反，既然你转移的目的就是让对方另想他法，那么你反而应该适当地以转移的方式传达自己的明确态度，这样才能起到委婉拒绝的作用。

1. 拒绝的五大方法

下面一起来看看销售高手的拒绝技巧。

- 直接拒绝法。在交谈及会面时，把拒绝的意思当场讲明。在运用这种方法拒绝的时候，应当避免态度生硬、说话难听。在一般情况下，直接拒绝别人，需要把拒绝的原因讲明白。此外，还可以向对方表达自己的谢意，表示自己对其好意心领神会，借以表明自己通情达理。
- 婉言拒绝法。婉言拒绝就是用温和、曲折的语言来表达拒绝。与直接拒绝相比，它不伤害他人，更容易让人接受，因为它在很大程度上顾全了被拒绝者的尊严。

- 巧设铺垫法。对别人的建议或者请求，在需要拒绝及否定时，不妨在言语中安排一两个逻辑前提，不直接说出结论，在逻辑上必然产生否定结论，让对方自己去思考。将这种方法用于面对上级领导时，效果比较理想。
- 置换法。根据对方所提出的具体问题，然后结合自身资源，给予对方一些建议。任何一种巧妙的拒绝都比不上直接提供有效的解决办法来得实在，而置换法会让对方有一种"柳暗花明又一村"的感觉。

亲戚请你帮忙给他家孩子找工作，但这不在自己的能力范围之内，你就可以这样拒绝："我在这方面的资源真的很少，不过我可以把在人才市场做招聘的朋友介绍给你，他是这方面的专家，相信他会帮助你的孩子梳理出优缺点，找到适合孩子的工作。"对于找工作这件事，虽然自己无能为力，但是给亲戚介绍了新的方法，让他自己去解决，这样既没有直接表达拒绝，又给他提供了新的方向。

- 沉默法与回避法。当面对难以回答的问题时，当他人的问题很棘手甚至具有挑衅、侮辱的意味时，不妨以静制动，一言不发，静观其变。这种不说"不"字的拒绝所表达出的无可奉告之意，在心理上常常会产生极强的威慑力。

沉默拒绝法虽然效果显著，但如果运用不当，难免会"伤人"。所以，可以尝试避而不答的方法，也就是"回避拒绝法"。回避拒绝就是避实就虚，对对方不说"是"，也不说"否"，只是搁置下来转而议论其他事情。当遇上别人过分的要求或难以回答的问题时，可以使用这种拒绝方法。

2. 拒绝的注意事项

拒绝其实就是不接受。拒绝既可能是不接受他人的建议、意见或批评，也可能是不接受他人的恩惠或赠予的礼品。

在商务交往中，拒绝应当机立断，不要含含糊糊、犹豫不定、态度暧昧。有时尽管拒绝他人会使双方一时陷入尴尬，但"长痛不如短痛"，俗话说"当断不断，反受其乱"，在你拒绝他人时，应该将此意以适当的形式表达出来。

例如，当别人求助自己，而自己又无能为力时，就应该当场说明。而不要当时拍了胸脯，此后却一拖再拖、东躲西藏，最后才说没办法。这会让他人对你非常反感，认为你十分不靠谱。

6.7 倾听，也是一种礼仪

卡耐基曾说："人们总是喋喋不休，期望借此改变对方的观点，但请给对方一点说话的时间，听听他们的所思所想。""最善于言谈者就是最善于倾听的人，通过与他人连接，它赐予你改变他人的力量。"

最明智的做法是推销员让客户多讲，自己少说，这样客户就会觉得自己是被重视的，他就越能对你敞开心扉。客户说得越多，你就能从中捕捉到更多对你有利的信息。

不错，有时候，在客户面前认真倾听比一味地去说，效果要好得多。耐心地倾听客户的谈话，会给客户留下良好的印象。在客户结束发言之前，切勿打断他们，要给客户充足的发言时间，这样才能使客户感觉自己受到了重视，自豪感就会油然而生，进而对你更加信任、更有好感。

倾听是尊重别人的表现，是理解他人思想、情感的重要途径。倾听是一门艺术，也是一种文明礼仪。在社会交往中，我们不仅要学会交谈，还要学会倾听。倾听是销售人员与客户实现良好沟通的重要手段，让客户多说、自己多听，是销售人员必须学会的一项礼仪。

心理学研究表明，人喜欢倾听，胜于善说者。倾听能够建立信任。每个人的内心都渴望被身边的人尊重，如果一个人喜欢倾听你的内心，那么这个人一定是尊重你的。同样，我们信任他人才会与他人倾诉。人与人之间的关系是相互的，在倾诉的过程中会逐渐放下戒备心理，这样可以激发两个人在一起说话的欲望。

人们在日常交往中，言语实践的使用情况是：听占45%，说占30%，读占16%，写占9%。这说明，人们有近一半的时间在听。

倾听可以使他人感受到被尊重和被欣赏。倾听他人谈话，他人将以热情和感激来回报你的真诚。倾听能真实地了解他人，增加沟通的效力。倾听也是化解误会、解决矛盾冲突、处理抱怨的好方法。

善于倾听，对销售人员来是一项必备的基本礼仪，是一种行之有效的销售技巧，它能带来诸多积极的效应。

- 倾听可以让客户有效地释放压力，排解内心的苦闷。
- 倾听对于客户来说不仅仅是一种礼貌，更是一种尊重。
- 倾听会让自己成为一个受欢迎的人，更易于赢得客户的欣赏。
- 倾听可以帮助你化干戈为玉帛，有效地化解双方的分歧与矛盾。
- 倾听可以让你真正了解客户的想法，从而掌握沟通的主动权。

销售人员要掌握倾听礼仪，成为一名合格的倾听者，需要注意以下几点。

1. 倾听应掌握的四个礼仪要点

成为一名合格的倾听者应当掌握的四个礼仪要点：注意、接受、引申话题和欣赏。

- 注意。在倾听时，要注视说话的人，将注意力始终集中在对方谈话的内容上，给对方提供一个畅所欲言的空间，不抢话题，表现出一种认真、耐心、虚心的态度。
- 接受。在交谈时，通过表示赞同的微笑、表示肯定的点头，或者手势、体态等做出积极的反应，表现出对谈话内容的兴趣和对客户的接纳与尊重。
- 引申话题。通过对某些谈话内容的重复和对客户情感的重述，或者通过提出某些恰当的问题，表现出对谈话内容的理解，同时帮助对方完成叙述，从而使话题进一步深入。
- 欣赏。在倾听中寻找对方的优点，流露出发自内心的赞叹，给予总结性的高度评价。欣赏使沟通变得轻松愉快，它是良性沟通中不可或缺的润滑剂。

2. 耐心倾听客户的谈话，及时回应客户

作为销售人员，能够耐心倾听客户的谈话，就等于是在告诉客户：你是一个值得我倾听的人。这样一来，在无形之中就能让对方感受到被重视，从而使得双方的情感交流更为融洽，并为最后的成功销售创造一种和谐、融洽的气氛。

耐心地倾听必须是全神贯注地听，并辅以适当的表情、动作或简短的回应语句，这样才可以激起客户继续谈话的兴趣。如果客户在倾诉的过程中得不到他想要的回应，就会失去继续谈下去的兴趣；如果能得到回应，就表明他的谈话正受

到关注，从而有兴趣与销售人员继续沟通和交流，销售人员也就可以获得更多的客户需求信息。

3. 不要轻易打断客户的谈话

倾听实际上是留给客户谈话的时间，认真倾听的态度会给客户留下良好的印象。所以，在客户结束谈话之前，不要随意打断客户的谈话或插嘴、接话，更不能不顾客户的喜好，再谈论另外的话题。

4. 集中注意力，积极思考

销售人员必须时刻保持清醒和精神集中。要全神贯注、专心地倾听，不要假装在听，要表现出对谈话内容的兴趣。有关研究资料表明，正常人最多能记住当场听到内容的60%～70%，如果不专心，记住的内容就会更少。所以，在倾听别人讲话时一定要全神贯注，努力排除环境及自身因素的干扰。

在倾听客户谈话的同时，也要积极思考，既要注意客户的谈话内容，又要关注他的谈话方式与语气，这样就不会因为没有进行足够的分析和思考就草草地对客户的谈话下结论。

5. 在适当的时机进行适当的提问

认真倾听客户的谈话也需要在适当的时机进行提问，提问可以表明你在认真思考客户谈话的内容，从而让他有受到重视的感觉，并能引导客户说出自己的想法和相关信息。同时，提问还可以让销售人员对客户提供的一些信息进行核实。

6. 注意倾听时的礼节

良好的倾听礼节既可以显得自身有涵养，又能表达出对客户的尊重。例如，身体略向前倾，表情自然；在倾听过程中，要保持和客户视线的接触，不要东张西望；在表示赞同时，要点头、微笑等。这些倾听礼节都需要销售人员在实践中不断地学习、积累。

7. 销售人员的倾听礼仪与注意事项

倾听是一种典型的攻心战略，一个不懂得倾听，只是滔滔不绝、夸夸其谈的销售人员不仅无法得知有关顾客的各种信息，还会引起顾客的反感，最终导致销售失败。

出色的销售人员必然是一个高明的听众，当客户热心谈论的时候，要认真倾听，专心致志地注视对方，这样会在无形中增强对方的自尊心，加深彼此之间的感情，为销售成功创造和谐、融洽的气氛。

- 用心倾听，少说多听，适度赞赏。销售高手往往也是倾听的高手。一些销售人员总是说得太多，而听得太少，让客户感受不到被尊重，客户自然不会对销售人员产生好感。
- 倾听的态度要谦虚。销售的主要议题是沟通信息、联络感情，而不是辩论或演讲比赛，所以在倾听客户谈话时，应持有虚心聆听的态度。
- 先听完对方讲话，不要匆忙下结论。
- 在倾听时不要受情绪和当时气氛的影响，对带有情绪的话语不要过分敏感。

6.8 留意客户的眼神：打开对方心灵的窗户

一位著名心理学家曾说："眼睛是了解一个人的最好工具。"眼睛被誉为"心灵的窗户"，一个人的内心世界是可以通过眼睛来觉察的。在交谈过程中，客户的眼神会告诉你许多不会用语言表达的意图。

如果你仔细观察就会发现，客户的每一个意见、每一个态度都是先从眼神中流露出来的。客户对产品或服务的认可与不认可、满意与不满意等都会从眼神中流露出来。语言可能会欺骗人，但是眼神不会。

信任的眼神、期待的眼神、自信的眼神、赞赏的眼神、智慧的眼神、思考的眼神……眼神的种类非常多，读懂客户的眼神，你就能把握很多成功的机会。要想淋漓尽致地表达自己的内心情绪与想法，也必须运用好眼神。

1. 重视眼神的作用

眼神交流在面对面交谈中非常重要。在交谈中，通过眼神交流可以时刻感受到对方的心理变化。达特茅斯的一项相关研究表明，当两个人进行对话时，眼神交流发生在两个人都参与的"共同关注"的时刻，他们的瞳孔会因此而同步放大。

眼能传神。虽然每个人内心的所思所想不一样，但是透过眼睛这扇窗户却能看透一个人内心最隐秘的东西。

除了能表达尊重和好感，眼神接触还有另一个重要的作用。频繁的眼神接触能给人留下精明的印象。比起感性的人，思想深刻的人能更迅速地整合所捕捉到的信息，他们善于从眼神中看到人们的内心深处，而并不会因与他人对视而焦虑、紧张。

耶鲁大学的研究者认为他们已经掌握了眼神接触的真理。通过实验，他们得出的结论是：眼神接触越多的人，精神越奋发进取。

2. 眼神中的奥秘

> 三国时期，曹操派一个刺客去刺杀刘备。刺客见到刘备后，并没有立即下手，而是先和刘备"套近乎"，讨论了削弱魏国的策略。刺客的分析深得刘备的欢心。过了一会儿，刺客还没有下手，诸葛亮却走了进来。这时刺客很心虚，借故上茅房。
>
> 刘备就对诸葛亮说："依我之见，刚刚那位奇士可以帮助我们攻打曹操。"诸葛亮却连连叹道："此人一见我，神色慌张、畏首畏尾，视线低而流露出忤逆之意，奸邪的形态完全暴露出来，他必定是一个刺客。"于是，刘备赶紧派人去追，但是那个刺客早已跳墙而逃了。

诸葛亮之所以能够识破那个刺客，主要原因是刺客的眼神暴露了太多的秘密，被诸葛亮正确解读了。眼神之中蕴含着很多奥秘，我们可做如下解读。

- 是接受还是拒绝，看眼神就知道了。当客户对你产生好感后，在他还没有用语言表达的时候，多会用一种带有愉悦、欣赏、欣慰等情感交织在一起的眼神不断地打量你；反之，当客户要拒绝你时，他会用一种不情愿的眼神来看向你。

- 眼睛扫视顺序的奥秘。当客户的目光从上到下打量你时，说明对方有自我优越感，有些清高与自傲，喜欢支配、差遣别人；反之，如果客户关注你的视线是由下而上的，则表示对你的尊重与信赖，也说明对方容易接近。
- 客户对你不感兴趣的眼神。在拜访客户的时候，如果对方睡眼蒙眬、萎靡不振，你就需要做好再次拜访的准备，因为从客户的眼神中可以看出，他对你的言语根本没有兴趣。在洽谈的过程中，如果客户的眼神不断地转移到别处，则说明他对所谈论的话题不感兴趣，需要你改变沟通策略。
- 客户通过眼神与你杀价。销售新手往往在洽谈业务时不敢看对方的眼睛，客户从中就能看出你的不自信，看到你的弱点，所以才会一直与你杀价。
- 抓住谈单的好时机。在交谈过程中，如果客户用两只眼睛长时间地盯住你，那么在大多数情况下，这意味着对方期待你给他一个想要的答案。出现这种情况，机会难得，最好主动切入谈话的核心部分。当客户的眼神由灰暗或比较平常的状态突然变得明亮起来，则表示所谈论的话题正合他意，引起了他极大的兴趣，这是谈判的最好时机，成功的概率非常大。

3. 客户常见眼神解析

- 怀疑的眼神。瞳孔变小，眉头皱起，有时候斜视销售人员。这种眼神代表客户对产品有质疑或疑问。遇到这样的客户，千万不要盲目地介绍产品，而要先消除他们内心的疑虑，取得他们的信任，可以用一些权威数据化解他们怀疑的心理。
- 吃惊的眼神。瞳孔随着惊讶的产生而放大，嘴巴略有张开。当客户感到意外时，会出现这种眼神。这时，销售人员应该采取先抑后扬的方式，不要急于介绍产品，将客户的好奇心提升一个高度后再去推介，效果会更好。
- 高人一等的眼神。眼睛下垂，从眼缝中看人，或者干脆闭目做若有所思状。这种客户优越感十足，需要多恭维他们，在夸奖与赞美声中就会顺利成交。
- 慌张的眼神。眼神飘离，不敢直视，说明客户此时比较紧张，销售人员应该多与其沟通，打消他们不安的情绪。

4. 从眨眼频率看心理状态

心理学家认为，一个人眨眼的频率与其内心的紧张程度密切相关。一个小小的眨眼动作，里面却包含着很多细微的学问。在通常情况下，人的眼睛每分钟会眨 6～8 次，每次眨眼时眼睛闭合的时间只有 0.1 秒。但是，如果在非正常的情况下，比如压力较大或撒谎时，眨眼的频率就很可能有显著的提升。

对于销售人员来说，客户快速眨眼，言外之意是"你说的话太无趣了，我不想听了"。如果对方的眼睛一直闭着，就表示他的头脑中已经完全没有了你的存在。这时你就应该考虑，自己是不是说错了什么话，或者是不是该换一种说话方式。善于观察客户的眼神、分析客户的心理，能让你的销售过程更加顺畅。

6.9　店铺销售中的交谈礼仪

"销售不是一个人说话，而是两个人对话"，销售在本质上是一种沟通，是销售人员与客户的双向交流，通过开场切入、引发兴趣、产品说明、异议处理等流程，最终双方达成一致，完成销售。在这个过程中，双方都在重复一个动作，那就是交谈与对话。在整个销售过程中，交谈与对话在不断推动着销售的进程。交谈由说、听、问三大部分构成，下面一起来看这三方面的交谈礼仪。

1. 倾听的技巧

听在交谈中所占的比重最大。某销售研究机构的一项 2 000 名销售人员关于谈话的调查显示，顶尖的销售人士通常花 60%～70% 的时间在倾听上。为什么倾听如此重要？因为只有倾听才能了解客户的问题所在与真正需求，这是销售成功的前提。

一般来说，客户说得越多，他就越喜欢你，因为你的倾听给他带来的不仅仅是礼貌，更是一种尊重。

在倾听过程中，一定要多多关注客户有关情绪性的字词。例如，客户感到兴奋时会说"太好了""真棒"，而客户感到痛苦时则会说"怎么可能""不好"等。在倾听过程中，不仅耳朵要听，眼睛也要仔细观察，还可以利用过渡语，比如"是吗""还有呢"等，同时利用点头、微笑、眼神控制、沉默与停顿等，表现出你对客户的关注。

2. 提问的礼仪与时机

"您到底买不买呢？""您还要不要呢？"这些类似发出最后通牒的提问往往会使客户很反感。以这种形式来征询客户的意见，只会招致否定的答复。所以，在销售过程中永远不要向客户发出最后通牒。

与客户的谈话刚开始时，礼节性的提问可以表现出对客户的足够尊重。例如："请问先生/小姐您贵姓？""现在和您谈话不打扰您吧？"

好奇性的提问还可以激发客户的兴趣。在很多时候，被客户拒绝的根本原因在于没有引起客户足够的兴趣。采用好奇性的提问可以给予客户足够的想象空间，比如："您想知道我们的产品为什么卖断货吗？"

提问的语气要温和、肯定。一般来说，销售人员提问的语气不同，客户的反应就不同，得到的回答也不同。用肯定的语气与客户交谈会给其留下可信、可亲的印象，而用否定的语气与客户交谈会给其留下疏远、疑惑的印象。所以，在销售过程中，销售人员要多用肯定的语气与客户交谈，这样才能使客户对你所销售的产品产生更大的兴趣。

在谈判成交的阶段，提问的作用在于处理异议和为成交做铺垫，通常用假设性的提问方式试探客户，比如："如果没有其他问题，您看什么时候可以接受我们的服务呢？"这样提问，进可攻、退可守。在提问之后要注意停顿，保持沉默，把问题抛给客户，直到客户说出自己的想法。切忌提问后自己先开口或自问自答。

3. 提问的技巧

- 影响性提问可加快成交。当客户感觉有没有这个产品都无所谓时，可通过影响性提问让他进一步认识到问题的严重性，让他不敢怠慢，提高问题需要解决的急迫性。例如："您的老板是如何看待这个问题的呢？"

- 渗透性提问获取更多信息。如果客户说"你们的产品价格太高了"，那么你可以这样提问："为什么这样说呢？""还有呢？""除此之外呢？"提问之后保持沉默，让客户回答。这样的提问可以挖掘更多信息，还可以了解客户拒绝购买的原因。

- 诊断性提问建立信任。"是不是""对不对""是……还是……"等提问方式，可以缩短与客户之间的距离。

4. 说的技巧

客户愿意花时间与你交谈，一定是因为客户感觉到目前这个阶段出现了问题，希望你能给出建议和具体的指导。你可以按照这个流程给予客户建议和方案：概括现状、原因诊断、聚焦剖析、解决方案。

在概括现状部分，要与客户的观点保持一致，重复客户的原话；在原因诊断部分，应该展现出销售人员的专业性或权威性，比如，可用"某某权威机构调查表明"或"根据我个人多年的经验，这种现象的产生主要是由于……"等句型；在聚焦剖析阶段，应先将问题分类、深化，再进行总结；在解决方案阶段，可以利用比较法，与竞争对手进行优劣势比较。一般经过这样的流程，客户都会对你产生极大的信任感，其面临的问题也会迎刃而解。

5. 处理客户异议的礼仪

- 处理异议的第一步是要学会认同。常用的认同说明语有"你说得很有道理""那没关系"等。

- 对于借口性的异议，通常可采用忽视的方法，客户在以后时间里不再提起，你也不用再旧事重提。

- 利用第三方的例子进行说明，更具有说服力。

- 当客户提出具有事实依据的异议时，我们应该承认并欣然接受，而不应该极力否认事实。但记得要给客户一些补偿，让他取得心理上的平衡。

6. 交谈中的词汇细节

在与客户进行交谈的过程中，要特别注意一些具有杀伤力的词语容易引起客户的高度关注或反感，这时最好换一个词，比如将"买"和"卖"换成"拥有"，将"但是"换成"同时"或"如果"，将"签订合同"换成"接受服务"或"达成合作"等。这样一来，客户更容易接受你的意见。

6.10 交谈礼仪中应避开的"雷区"

销售人员在与客户的沟通过程中，不仅要使用文明的语言、保持谦和的态度，在沟通和谈话的方式方法上也要注意一些细节性问题，千万不要由于不懂谈话礼仪而"踩雷"，导致销售失败。下面这些"雷区"都是应该避开的。

- 不要随便乱称呼。比如称呼客户为"××哥""××姐"，可能是为了拉近彼此的距离，但也可能会给自己埋雷。除非对方告诉你喜欢别人叫他大哥或者大姐，否则不要这么称呼。
- 不要探究客户的隐私。不要问对方的年龄，不要问对方的薪水或者财产，不要问对方的婚姻状况，不要问对方家人及孩子的情况，不要问对方的个人经历，不要问对方的健康状况等。
- 少用专业性术语。只有让客户听了之后明明白白，才达到了有效沟通的目的，销售才会没有阻碍。

> 保险业务员小李经过岗前培训后开始正式上班了，好不容易约到了客户，一见面就一股脑地向客户炫耀自己是保险业的专家，接二连三地说了"保费豁免""费率""附加险""债权受益人"等一大堆专业术语，让客户如坠雾中，更像是在黑暗中摸索，反感心态由此产生，拒绝也就是顺理成章的事了。小李在不知不觉中丧失了促成交易的好机会。

- 少问质疑性问题。在交谈过程中，"你听懂了吗""你明白我的意思了吗"，这样向客户发问，容易让客户反感，因为这像是以长者的口吻在质疑客户。

- 在和客户交谈之中忌沉默。在客户侃侃而谈的过程中，如果自己始终保持沉默，则会被视为对客户所谈论的话题不感兴趣，这样交谈会造成冷场，最终导致不良后果。

- 在和客户交谈之中忌争辩。不要以为自己永远正确，爱争辩的销售人员非常不受客户欢迎。

- 不要攻击或恶意贬低同行。经常会看到同业的销售人员使用带有攻击性色彩的话语来攻击竞争对手，甚至有的销售人员会把竞争对手说得一文不值，这会导致整个行业在客户心中留下不良印象，让客户反感。

- 不要随意打断别人。随意、轻易打断别人是没有教养的表现。

- 不要试图纠正别人。如果不是原则性问题，那么不要随便对别人进行是非判断，大是大非另当别论，小是小非得过且过。

- 不要随便对别人的谈话内容表示怀疑。不能随便非议交往对象。

- 不要谈论对方一无所知且毫无兴趣的事情。忌与人谈话时左顾右盼、注意力不集中。

第 7 章

电话销售礼仪：一线万金的礼仪艺术

7.1 塑造一种亲和的电话销售形象

电话销售是一种省时、省力、省钱的有效销售模式。掌握必要的电话销售礼仪，可以让我们心情愉快，同时让客户感受到我们的亲和力，让对方接纳我们。如果不注重电话销售礼仪，那么不仅会阻碍与客户的成功交往，还会遭到客户的疏远、回避及拒绝。

接打电话只能察言而不能观色，所以，我们在通话时，一定要用热情礼貌的语言、清晰柔和的声音、亲切温馨的语气、准确简洁的词句、快慢适中的语速和高低适当的音量，让客户"听"出我们的形象，"感受"到我们的微笑。

1. 亲和力的标准

亲和力是一种亲切、和善、易于被别人接受的力量，主要由耐心程度、礼貌程度、沟通能力三大部分构成。

- 耐心程度。要做到积极主动、耐心周到，耐心解释、沉着应对，要积极助人、主动营销、责任承担。
- 礼貌程度。用语要规范，使用礼貌用语，应答要规范，表达要自然，语音亲切、语气诚恳、语速恰当、表现诚意、充满朝气、音量适中、音调富于变化。
- 沟通能力。使用普通话，字音标准，吐字力度适中。要具备倾听能力、提问能力、表达能力和解决问题能力。

2. 构建亲和电话销售形象的两大技巧

- 语言表达方面。应尽量避免可能会导致客户抗拒或反感的话题。要真诚赞扬客户，获得客户的好感与认同，拉近彼此的距离。要多听、多问，在电话中问的越多，客户回答的就越多，你对客户就越有亲和力，同时对客户的情况和需求了解得也会越来越清晰。

- 声音控制方面。声音的构成要素包括语调、语速、语气等，不同的构成要素组成不同的声音，不同的声音留给客户不同的印象。不同的客户声音各有特点，销售人员应该尽可能主动适应并相应改变自己的声音，与客户的语速、语调相协调，让客户更有亲切感。电话沟通要做到自然而不生硬，要对自己所说的内容非常熟悉，并对客户可能的提问提前做好应答准备。

3. 构建亲和电话销售形象的其他技巧

- 在任何时间、任何情况下，不管心情有多么糟糕，都不能把消极的情绪传递给电话另一端的客户。

- 声音中也可略带笑意。带有微笑的声音是非常甜美动听的，也是极具感染力的。在电话沟通中，销售人员的面部表情要丰富并保持微笑，这样说出来的话，声音会更自然、更有感染力。

7.2 电话预约礼仪：不是可有可无的

电话预约是一种礼貌的表达，不会向随机拨打电话那样显得生硬突兀而遭到拒绝，还能节省时间，也可以树立威信，提高聆听的意愿。成功的电话预约不仅可以使对方对你产生好感，也便于推销工作的进一步开展。

要想电话预约成功，也需要做好各种准备并掌握相关礼仪。

1. 做好充分准备

- 预约的目的一般是筛选客户，争取面谈机会，而不是在电话中销售产品或者服务。

- 准备好客户名单，知晓目标客户的全名、地址和电话号码等信息。
- 选择好电话预约的时间。一般来说，尽量避开对方的休息和用餐时间，而且最好不要在节假日打扰对方。
- 准备好电话预约交谈的内容。

2. 电话预约的语言技巧

- 销售人员应提高语言表达技巧，培养倾听的习惯。
- 打电话时要发音清楚，避免含混不清。要使用简单的语言，避免使用专业术语。
- 注意语气、语调和语速，尽量面带微笑地说话，对方会注意到你说话语调的变化。语速不要太快，也不要太慢，对方能听清楚就行。
- 要保持热情，让对方感觉是在与人交流，而不是在和机器讲话。
- 要适当地插入"是的""我明白""好的"等词汇，表明你在倾听对方讲话。

3. 电话预约的沟通策略

- 介绍自己和自己的公司。在与客户通话过程中，要注意用热情、清晰、响亮的语气强调公司名称。紧接着，要加快谈话速度。
- 切入谈话主题要及时。例如，可以用权威人士推荐或用商业知名人士的观点导入主题，或者用其他媒体或行业的问题切入主题。例如："前天我和××公司的×经理在一起，他说您可能对我们的新款打印机感兴趣。"这样，既可以尽快切入主题，又可以使对方感到你推荐的产品可信。
- 激发客户听电话的兴趣，这样客户才能有耐心听你说下去；否则，很可能你的话音未落，对方已经挂断了电话。

4. 避免电话预约的误区

电话预约的目的是通过简短的信息交流激发客户的兴趣，确保预约的成功。当客户想了解更多时，你可以这样说："要想更全面地了解清楚，需要更多的时间，我想和您见面谈谈。"电话预约时要避免用含糊的词语争取预约，比如，"我明天或许有空""如果有可能，我明天上午过去拜访您"等。

5. 电话预约的技巧

• 让自己处于微笑状态。即便是在电话中，也要面带微笑地说话，这样你的声音才会传递出愉悦的感觉，客户听起来自然就会觉得有亲和力。

• 音量与速度要协调。刚开始通话时，采取适中的音量与速度；等辨出对方的特质后，再调整自己的音量与速度，使之与客户相匹配，这样才能增加客户的好感。

• 辨别通话者形象。从对方的语调中，可以简单判别通话者的形象，比如，说话速度快的人是视觉型的人，说话速度中等的人是听觉型的人，而说话速度慢的人是感觉型的人，针对不同特质的人给予不同的建议。

• 表明不会占用对方太多时间。为了让对方愿意继续这通电话，可以这样说："耽误您两分钟时间好吗？"实际上可能并非只讲两分钟。

• 善用暂停与保留的技巧。善用暂停的技巧，可以让对方感受到被尊重。例如，在让对方选择的时候，可以说："您喜欢上午见面还是下午见面？"说完可稍微暂停一下，让对方回答。不方便在电话中说明或者遇到难以回答的问题时，则可以采用保留的技巧。

• 讲话要热情和彬彬有礼。热情的讲话容易感染对方，彬彬有礼的话语则易于得到有礼貌的正面回答。多用"您好""打扰您了""如您不介意的话"等礼貌用语。

6. 电话预约的要领

在进行电话预约时，按照下面几大要领去做，就非常容易预约成功。

• 谈话力求简洁，要抓住要点。

• 用双赢的方式沟通，不要只顾自身，要考虑到交谈对象的立场。

• 使对方感到被尊重、被重视。

• 不能有强迫对方的意思表达。

某品牌电视机的区域销售经理小赵和之前片区内的客户关系不是很好，公司领导照顾他，对他的工作进行了调整，让他负责华北区的销售工作。小赵暗下决心，这次不能再犯错误了，要给领导挣个面子。这天上午，他刚刚到达唐山市某宾馆，便想给该市的大客户李总打个电话，一来可以表示对李总的尊重，争取给李总留下一个好印象，有利于以后工作的开展，二来可以表明自己的新形象、新职位。

小赵拿起手机说道："您好，李总，我是××电器新调来的区域经理小赵，公司最近人事调整，我现在负责咱们华北区的销售工作。我现在就在唐山，下午3:00 我们能否见个面，谈一谈下季度的订货、回款及促销问题？"

李总则回复说："哦，我知道了，你是新来的赵经理啊。真是不好意思，我这两天有几个会议要开，事情特别多，你看改天可否？"

小赵回复说："我可是特意过来拜访您的，怎么会这样呢？那您说个具体时间吧！"

李总回复说："真是抱歉，会议是之前就定好的，我真的无法脱身。我没骗你，你要没事就到我办公室门口来看看，如果我在你就进来和我谈谈吧。"

小赵一听就火上心头，心中暗想："我刚来就给我个下马威，看我以后怎么收拾你。"但想到以后还要和李总相处，小赵就忍着不满说道："好的，李总，谢谢您，那我可准备三顾茅庐了。"

接下来的两天，小赵真的去李总的卖场、办公室附近溜达，希望能碰上李总。可是他总看不到李总的身影，心中不免急躁，又给李总打电话说："李总，真是不好意思，又打扰您了，会议开得怎么样了？"李总回复说："赵经理，会议还有一天呢。"

小赵又说："哎呀，李总，这样可不行，您总不能让我天天等您吧！您得抽个时间，我刚来这里也有很多事情要做。如果你再不订货，那么下个月的促销政策可能真没什么指望了，我也要考虑一下你的忠诚度了。"小赵还想再说什么，可是他发现对方已经挂断了电话。

电话沟通，全靠语气、语意来表达你的思想、意图，一旦表达不清，很容易引起别人的误会。通过这个故事可以看出，小赵平时与客户关系处理不好的原因有：其一，拜访客户没有提前预约，总是自以为是，认为只要自己有时间，对方就有时间接待自己；其二，打电话沟通的语气、态度都不对，没有以礼相待，没有用平等的身份去沟通，而是用类似领导命令的方式，有点儿强迫的意思；其三，得知对方在开会期间，不应该频繁地打电话，也不太适合打电话，可以给对方发短信或者微信。

第一次电话沟通，应该营造友善的气氛，使用尊敬的称呼、请教的语气和赞美的心态，这样客户才容易接受并给你机会，否则客户会误以为你在对他吆五喝六，不免想给你下马威。电话礼仪上的种种不在乎，让小赵与客户形成了沟通上的障碍。

7. 电话预约的注意事项

- 不要在电话里详细进行产品说明，这样很容易被挂断，影响约访目的。
- 不要边抽烟、嚼口香糖边通话，任何一个细节对方都可能感知到。
- 尊重对方，不管有没有约访成功，销售人员都要维持应有的礼貌态度。
- 不要被对方的情绪影响。如果碰到受访者语气不好，则也应维持自己的好情绪，可以礼貌性地将电话挂掉，并重新约定下一次约访。
- 被拒绝时可以这样说。例如，对方说"我很忙"，你可以这样回复："这也是我先给您打电话的原因。李总，我希望可以在您较方便的时间去拜访您，您看什么时间合适呢？"

7.3 接听电话礼仪：铃响不过三

接听电话礼仪看似不起眼，实际上却非常重要。对于销售人员来说，接听电话不可太随便，也要讲究一些必要的礼仪和一定的技巧，这样才能达到较好的沟通效果。

1. 做好接听准备

在物品方面，要准备好笔记本、笔。

在心态方面，要积极、自信、状态良好。

注意控制情绪。不管你在接听电话前心情有多么糟糕，当你拿起电话听筒的时候，记得一定要面带笑容。

2. 接听要及时

在接听电话时，一般在铃响 2～3 声后接听，不要超过三声。太早接听会给客户一种很突然的感觉。如果电话铃响三声之后仍然无人接听，那么客户往往会认为这家公司员工的精神状态不佳。让客户久等本身就不礼貌，而且客户的耐心是有限的，如果太久没人接听，那么对方可能就会挂断电话。电话铃响四声以后，拿起电话听筒后应该先向对方致歉："对不起，让您久等了。"

3. 问候及确认对方

接到对方打来的电话，拿起电话听筒后应首先进行自我介绍："您好！我是××公司×××""您好！×××公司。"如果对方没有介绍自己或者你没有听清楚，则应该主动询问："请问您是哪位？""我能为您做什么？""您找哪位？"。

4. 有效的电话沟通

首先应确认对方的身份，然后注意倾听客户的通话内容，了解客户的所思所想，委婉地探求对方来电的目的是什么，及时把握客户的需求。注重倾听与理解、抱有同理心、建立亲和力是有效电话沟通的关键。

在通话过程中不可无理打断客户，不可与客户争辩。对对方提出的问题应耐心倾听，应让对方适度地畅所欲言，除非不得已，否则不要插嘴。当接到责难或批评性的电话时，应委婉解释并向其表示歉意或谢意，不可与对方争辩。

5. 认真记录

电话记录既要简洁又要完备，要遵循"5W1H"原则，5W 是指 when、who（whose）、where、what、why，1H 是指 how。这六个英语单词分别代表何时、何人、何地、何事、为什么、如何进行。具体来讲，电话记录应该包括这六大要素。

6. 语气、发音与声音的节奏

• 接听电话人员的语气要平和，有耐心、有爱心，杜绝不耐烦的语气。即便客户没听清，多次重复内容也不要不耐烦。

• 发音清晰，音量适中。清晰的发音可以充分表达自己的专业性。

• 善于把握声音的节奏。在通话过程中，应该根据客户的语言节奏来决定自己的节奏，从而使整个谈话非常投机、默契。

7. 不要煲"电话粥"

接听电话不要不分重点、喋喋不休，一定要简明扼要。电话交谈时间由谈话内容多少来定，事多则长，事少则短。如果时间太长，则可提前说出通话大意，征询对方是否合适。若对方不方便，则可另约时间再通话。

7.4 打电话的礼仪：你会打电话吗

很多人在有事的时候，拿起电话就拨，可是你要想想，对方现在是否方便接听你的电话？你准备好要说什么了吗？你准备好需要记录的纸和笔了吗？人人都在打电话，可是你真的会打电话吗？打电话是一件看似不起眼的事情，其实也有很多礼仪，一定要遵守。

1. 打电话前的准备工作

与接电话一样，打电话也要提前准备好纸和笔，准备好讲述内容（草稿），准备好微笑的声音，准备好简单的客户资料。

同时也要适当思考。比如，打电话的目的或你要说明什么内容？对方能在合作中获得什么利益？对方可能会问到哪些问题？

2. 确定通话时机

在打电话前，要确定什么时间拨打合适。要考虑对方是否方便接听电话，尽量避开对方忙碌或休息的时间。

- 打电话的黄金时段。一般来说，在上午 10：00 ～ 11：30、下午 2：00 ～ 4：00 这两个时间段内拨打电话较为适宜，容易被接听且通话效率高、效果好。
- 避开对方的就餐和休息时间。上午 8:00 以前和下午 6:00 以后基本上属于私人时间，这时候打电话也不合适，除非有紧急、重要的事项。
- 最佳的通话时间，一是双方预先约定的时间，二是对方方便的时间。
- 通话时间以三分钟为宜。一般在通话时，要有意识地简化内容，尽量简明扼要。通话时间以短为佳，宁短勿长，牢记要长话短说，尽量不要超过三分钟，当然特殊事项除外。如果估计本次通话要涉及的问题较多、时间较长，则应在通话前询问对方是否方便长谈。

3. 斟酌通话内容

为了节省通话时间并获得良好的沟通效果，在打电话之前和之中都需要认真斟酌通话的内容，要做到"事先准备、简明扼要、适可而止"。

- 事先准备。在通话之前最好把对方的姓名、电话号码、通话要点等内容整理好并列出一张清单，这样做可以有效地避免缺少条理、丢三落四等问题的发生。
- 简明扼要。通话内容一定要简明扼要。通话时最忌吞吞吐吐、含混不清。在简短的寒暄之后就应当直奔主题，不要讲空话、说废话和短话长说。
- 适可而止。一旦要传达的信息说完，就应当果断地终止通话，而不要再三重复，否则会让人觉得你做事拖拖拉拉，缺少素养。

4. 通话过程要以礼相待

- 语言文明。在通话之初，要向对方恭恭敬敬地问一声"您好"，之后应自报家门，否则对方连通话的对象都不知道是谁，交流就无法达到预期效果。在终止通话时，必须说一声"再见"。
- 态度文明。文明的态度有益无害。当电话需要通过总机转接时，要向总机话务员问好和道谢，让他们感受到被尊重。
- 举止文明。打电话时不要把话筒夹在脖子下，也不要趴着、仰着打电话；嗓门不要过高；话筒和嘴的最佳距离保持在三厘米左右；挂断电话时应轻放话筒，不要摔话筒。

5. 注意通话细节

- 确认通话对象。在电话接通之后，确认通话对象是必不可少的步骤。
- 询问对方是否方便接听电话。在电话接通后，要先征询对方现在是否方便接听电话。如果对方正在开会、接待来宾或有急事正要出门，则应该预约其他时间再通话。否则，对方在繁忙之中很难心平气和地接电话。
- 集中精神，避免分心。在通电话时不可一心二用，而要专注。
- 尽可能使用易懂的词汇，避免使用生僻词汇而造成不必要的解释。若有不易懂的词汇，则应说明并解释。
- 勿玩猜谜游戏。在商务交往中，通话时不要和对方玩猜谜游戏。如果对方忘记你的声音和名字，也不要让对方猜，这样会让对方非常尴尬，甚至产生强烈的反感。来看这样一个通话案例。

> 甲：请问刘经理在吗？
> 刘经理：我是刘经理，请问您是哪位？
> 甲：刘经理，您猜呢？
> 刘经理：是李晓枫吗？

> 甲：不是。
> 刘经理：是王晓美吗？
> 甲：不是，您都忘记我的声音了。
> ……

上面这样的通话显然非常不合适。因为大家的时间都非常宝贵，谁也没有心情、更没有时间与你玩猜谜游戏。

- 不要忘记最后的祝福和感谢。当通话即将结束时，要用轻柔的声音给予对方简单的祝福，这样能够给对方留下美好的印象。

7.5 挂断电话的礼仪：不可粗枝大叶

挂断电话还需要礼仪？不是很简单吗？通话结束之后直接挂断就行了。相信很多人都是这么认为的。其实，和打电话一样，挂断电话也是要讲究礼仪和技巧的。有的人认为谁先打电话，谁就应该先挂电话。其实不然，注重挂断电话这个小小的细节，可以提升个人魅力，甚至促成业务。

> 赵强是一家公司的销售总监，公司里的不少销售业务都通过电话联络来完成。一天，下属晓明向他反映，自己一直跟单的一个大客户竟转向了他人，他觉得通话过程并没有什么不妥，也不知道在什么地方得罪了客户。赵强对该客户比较熟悉，对方反映晓明做事很假、没有诚意。赵强觉得有点儿疑惑，业务员都受过专业训练，在态度和礼仪方面都是没问题的。在接下来的几天里，他仔细观察了晓明的工作过程，终于发现了问题所在：挂断电话有些问题。原来，在结束通话之后，晓明没有轻放话筒，而是把话筒随手一扔。殊不知，就是这随手一扔，让他丢失了很多客户。

试想一下，在结束了一段愉快的商业对话后，双方依照礼仪话别，对方随即听到你放置话筒所产生的巨大刺耳声音，那么对方感到的肯定是你对这次谈话或交谈者不满或非常不耐烦，于是对于之前谈话时你表现出来的诚意及良好印象就会大打折扣。同时也会让对方觉得你在处理事情时粗枝大叶，对方对于合作事宜的信任度就会大为降低。

一般来说，不少人都忽略了结束通话后放回话筒的力度问题。有的销售人员虽然在与对方交谈时按捺住了自己的不良情绪，却在最后挂断电话的动作中泄露了情绪，可能自己不觉得声音有多大，但经过电话线的传递，这个声响可能远比自己认为的大了数倍。

那么，究竟应该如何挂断电话？

- 在电话接听完毕之前，不要忘记复述一遍来电要点，防止因记录错误或者偏差而引起误会。
- 不要催促客户结束通话。销售人员在详尽地回答了客户所有的问题之后，千万不要说"如果没有其他的事，那就这样吧"，以此催促客户结束谈话，这样只会表现出你的不耐烦。要尽量向客户表现出你的关心，可以这样说："先生，除此之外，您还需要其他什么服务吗？"如果客户没有其他要求，那么他一般会主动结束通话。
- 在交谈完毕后，要让对方感受到你非常乐意帮忙，并尽量让对方结束对话，然后彼此客气地道别，说一声"谢谢""再见"，再轻轻地挂断电话。
- 一定要等到对方把话说完之后才可以挂断电话，不可只顾自己讲完就挂断电话。如果确实需要自己来结束通话，则应当解释一下，比如："不好意思，我有急事要外出一下，我先挂断了。"
- 在一般情况下，在电话沟通结束后，应等待对方挂断电话，自己再挂断，以示尊重。待对方说完"再见"后，等待2～3秒才能轻轻地挂断电话。
- 在与异性互通电话后，作为男方，在礼节上理应先让女方挂电话，这会显示出对对方的关心及尊重，也会加深对方对你的良好印象。
- 当上级与下级之间或长辈与晚辈之间通话时，应由上级或长辈先挂断电话，自己再挂断。如果是同事或朋友之间通话，一般谁先呼叫对方就由谁先挂断电话。

- 在结束通话时，应慢慢地挂断电话，轻轻地放下话筒，不要采用粗暴的举动摔电话，"砰"地一声猛然挂断，拿电话机撒气。
- 在任何时候都不得用力掷话筒，可在电话旁竖立警示牌，时刻提醒自己注意小心轻放，养成轻放话筒的好习惯。

7.6 手机使用礼仪：拿出手机，秀出礼仪

现代社会，手机已成为每个人必不可少的随身工具。随着技术的发展，手机也不仅仅是通信工具，而是一个具有丰富功能的现代化工具。在享受手机带给我们便利的同时，也要遵守使用手机的一些礼仪。

1. 手机的放置位置与禁用场合

在一切公共场合，手机在没有使用时，要放在合乎礼仪的常规位置，最好不要一直拿在手里。可将手机放在随身携带的公文包里，这种位置最正规。还可以将手机放在上衣的内袋里或放在不起眼的地方。如果有正在聊天的客人，那么最好不要让手机对着客人。

禁止使用手机的场合：在乘坐飞机时、在加油站里、在驾驶机动车时及一些特殊场合，比如剧场、影院、阅览室等，禁止使用手机或者将手机关机、静音。

2. 手机铃声的选择

- 个性铃声本无可厚非，但在公共场合尤其是相对比较安静的办公场合，不要使用太个性化的彩铃，因为手机铃声的设置直接体现了使用者的公共意识程度。
- 不设置搞怪、噪声很大或具有刺激性的手机铃声。

3. 公共场合下的手机使用礼仪

- 在公共场合不使用免提功能接打电话。
- 通常不要在公共场合、驾驶机动车时、飞机上、剧场里、图书馆里接打电话，

在公共交通工具上大声地接打电话也是有失礼仪的。

- 在有些公共场合，特别是楼梯、电梯、路口等处，不可以旁若无人地大声通话，而应该尽可能地把声音压低一些。
- 在看电影时或在剧院里接打电话是极其不合适的，如果确需给他人回话，那么发送短信或微信是比较合适的。

4. 避免唐突的通话

- 在给身居要职的人或者职位非常高的重要人物打电话前，要先想想他（她）此时是否方便接听，并且要有对方不方便接听的准备。
- 在给对方打电话时，注意通过从听筒里传出的回音来鉴别对方所处的环境，以此来判断通话能否顺利进行。
- 不论在什么情况下，是否通话最好由对方来决定，所以，"您现在方便通话吗。"通常是接通电话后的第一句问话。在没有事先约定和不熟悉对方的前提下，我们很难知道对方在什么时候方便接听电话。

5. 其他手机使用礼仪

- 在会议中，或者在和别人洽谈的时候，如果手机收到信息，不要在别人注意你的时候查看信息。因为一边和别人谈话，一边查看信息，说明你对别人不够尊重。
- 就餐时，在餐桌上关闭手机或把手机调到震动状态也是必要的。因为进餐时突然响起的铃声不仅会影响自己的兴致，也会惊扰到共同进餐的其他人。
- 接打电话时不要大声喧哗。尽量让通话时间简短。
- 在婚礼或者葬礼上，必须将手机调成静音模式或者震动模式。
- 未经允许，请勿擅自翻看他人的手机，哪怕对方与你的关系很亲密。
- 请摘下耳机与别人打招呼，否则会显得你非常不礼貌。
- 当对方专心与你讲话时，不要心不在焉地只顾玩手机。
- 非急事与紧急事项，拨打电话要避开对方休息或紧张工作的时段，等到对方空闲时再拨打过去。

- 如果对方拒接你的电话，则不要再无休止地拨打下去。
- 未经同意，不要把他人的手机号码、微信号随意分享给别人。

7.7 电话中的拒绝礼仪：让人心悦诚服地接受

被客户拒绝是一件痛苦的事儿，因为拒绝往往意味着沟通及未来交易的失败。拒绝别人也是一件很难的事，遇到客户的过分请求也要学会拒绝，但拒绝不一定非得逆耳，只要注意方法和技巧，也能让对方感觉到你很有人情味，从而心悦诚服地接受。

1. 被客户拒绝的几种情形及应对礼仪与沟通技巧

- 情形一："我很忙，现在没有时间。"

如果客户在电话中说"我很忙，现在没有时间"那么多数是在故意推托。可以参照如下沟通技巧予以回应。

（1）"是的，我知道您很忙。我们的产品可以帮您提高效率、降低成本，让您轻松管理公司业务。您什么时候有空，我去拜访您？"

（2）"可以看出您是事业有成的人士。我并不会耽误您很长时间，这个产品对您的工作很有用处，您不妨了解一下。"

（3）"是啊，您管理这么大一家公司，一定很忙，所以，我才会提前给您打电话，避免浪费您的宝贵时间。请问您是明天有空还是后天有空呢？我去拜访您。"

（4）"嗯，我非常理解。如果我提供的产品不能满足您的需求或者不能给您带来利润，那么我是不会联系您的。所以，您与我谈话耗费的时间是非常有价值的。请允许我向您提出拜访的请求，您看您哪天方便，是明天还是后天呢？"

（5）"您忙说明您的企业发展得非常好，正因为您的企业状况良好，所以，我才更要让您了解一下我们的产品。我相信，只有像您这样的企业领导人，才能认识到我们产品的价值所在。"

当然，如果对方的确是因为忙而脱不开身，那么销售人员要礼貌地道歉，并挂断电话，等合适的时间再沟通。

- 情形二："现在还不需要，等需要的时候联系你。"

当你在电话中听到这句话时，无论是出于真实情况还是客户有意推托，都要表现出信任。但也不能轻易放弃，仍要争取见面的机会，尽量多和客户谈话，使用恰当的言辞询问对方原因，再做出应对举措。可参考如下沟通技巧应对。

（1）"您是说您以后会需要，是吗？既然以后需要，那不如趁现在这个机会了解一下，就当为以后做铺垫了，您看呢？"

（2）"您现在不需要我们的产品，是因为您现在已经有了其他合作伙伴，还是有其他原因？如果有其他原因，那么是什么导致您不想了解一下呢？"（提问之后先听客户讲述，分析不需要的原因，再视情况做出具体的应对策略）

（3）"我期待您的电话。但是，您提前了解产品情况，对您将来购买产品不是很有益处吗？也许您还不知道，我们的产品已经发生了很多变化，您只需花很短的时间听我介绍一下就行了，这对您绝对没有坏处。"

- 情形三："我不感兴趣。"

面对客户的拒绝，要有足够的耐心为客户解释。有耐心才会有希望。当你面对客户的拒绝时，不妨试着认可客户的观点，顺着客户的说法继续说下去，然后借势转换思维，这样不但能让客户感觉到备受尊重，还能借势行舟，巧妙达到继续沟通的目的。可参照如下沟通技巧回应。

（1）"我非常理解，赵经理。我想谁都不会对自己从未见过的事物产生兴趣，而这恰恰是我要拜访您的原因。我希望我提供的产品能够让您做出明智的决定。"

（2）"我理解您，谁也不会对未曾谋面的产品贸然做决定，您说是吧？我们做过详细的市场调查，这个产品对贵公司这样的企业会有很大的帮助。"

（3）"您还没有听我详细介绍，怎么就知道自己一定没有兴趣呢？您会因此而错过一个很好的机会。就算您不打算购买，听我介绍一下，多了解一些信息，对您也是有好处的，您说呢？"

（4）"我们的很多老客户刚开始跟我们打交道时也是这样说的，但我们的产品的确很有优势和竞争力，他们最终都购买了我们的产品。现在我就想让您也了解一下。"

2. 拒绝客户的几种情形及应对礼仪与沟通技巧

- 拒绝要客气，语气要委婉。当对方有不合理的要求时，在拒绝的时候应该委婉、诚恳一些。不要把话说得太死，以免让对方下不了台。在拒绝别人时，要尽量使语气和缓，最好不使用质问、反问之类的语气。只有委婉、含蓄地表达拒绝之意，才能使人际关系更加协调。否则，不但会给人留下不良印象，对方甚至可能再也不愿意与你接触了。

- 立场坚定、不含糊。当客户的要求超出了自己的能力或者无法实现时，一定要明确告诉对方，千万不要含糊其词。例如，当客户要求这个产品打六折的时候，你不要说去和总经理申请试试，而是可以坚定地说："公司有统一规定，大客户才能打八折，您这个情况是申请不下来的。"

- 拒绝的理由要充足。三毛曾说："不要害怕拒绝他人，如果自己的理由出于正当。"在拒绝别人时，充足的理由是必不可少的，只要你的理由真实、语言诚恳，对方一般不会再对你的拒绝进行反驳。拒绝要给出对方理由，而且理由要合情合理。例如，你可以适当讲出你的难处，也可以讲出你的无奈，只要不是太夸张，别人都能接受。

- 提出替代的方法。在别人请求你帮助或者对你提出某项要求的时候，如果真的无法实现、解决不了，那么我们也要耐心地听完对方的想法，然后尝试寻找替代方案。例如："虽然这次不能给您打八折，但是我可以向总经理申请一张100元的优惠券，这样优惠下来和打八折是差不多的。"

- 拒绝后要说补救的话。在拒绝对方之后，最好再说上几句补救的话，以缓和对方因遭到拒绝而产生的对立情绪，打消其继续反驳的企图。这样可让对方在心理上平衡一些，不好意思再反驳你。例如，一位朋友在电话中邀请你今天晚上去看电影，而你正好有许多事要做，你便可以这样回复对方："真对不起，我今天很忙，还有好多事情没有完成，实在不能陪你。改天如何？"这里的"改天如何"就是对前面拒绝的一种补救。如果你直接对对方无情地说"不"，对方就会很难接受；但若在拒绝后加上诸如"改天如何"等补救的话语，就会让对方在心理上容易接受。另外，在别人已基本接受了你的拒绝时，还可以加上诸如"你真通情达理""你是一个善解人意的人"之类的话语，对方"乌云密布"的脸上肯定会露出笑容。

7.8 逐一化解影响通话效果的因素

影响电话沟通效果的因素非常多，下面这些礼仪细节都要注意。

1. 提升感染力

• 在通话中要时刻保持微笑。虽然笑容只表现在脸上，但是从你说话的声音里，对方是能感觉到的。所以，接在打电话的过程中，一定要面带笑容，保持清晰、明朗的声音。在声音中加入笑容，并且笑出声来，这是一招很有杀伤力的电话销售技巧。每个客户都愿意和一个快乐的人交谈。

• 彬彬有礼。养成礼貌用语随时挂在嘴边的习惯，同时减少或者不使用口头禅与地方语言。

• 态度要亲切，心态要平和。态度亲切，多从客户的角度考虑问题，让他感受到你是真诚为他服务的。无论客户的态度怎样，自己始终要控制好情绪，保持平和的心态。

2. 声音传递态度

声音能够反映个性，时刻传递你的态度，客户会通过声音对你的态度做出判断，进而影响沟通效果。所以，在通话中也要体现出专业的声音形象。

• 咬字要清晰。发音标准，字正腔圆，没有杂音。

• 音量要适中。音量的高低能够反映电话销售人员的素养，音量过高容易给人一种缺少涵养的感觉，音量过低又会给人留下一种自信不足的印象。

• 音色要甜美。声音要富有磁性和吸引力，让人喜欢听。

• 语调要柔和。说话时语调要柔和，恰当把握轻重缓急和抑扬顿挫。

• 语速要适中。要让客户听清楚你在说什么。

3. 表达要专业

表达的质量决定了沟通的质量。改善电话表达质量的几点建议如下。

- 目的要明确，主题要集中，观点要鲜明。比如，明白自己为什么要打电话，此次通话的主题是什么，自己的观点、主张是什么等。
- 陈述事实要简洁，说明要点要有条理。遵循之前讲述的"5W1H"原则。
- 将语气、语调调节到最佳状态。在电话沟通中必须注意使用合适的修辞、发音的习惯、表达的逻辑性与用词的准确性。在客户对你的专业能力了解不多的情况下，他会通过你的谈话方式，包括语气、语调等来判断你是否专业。
- 要选择积极的用词与方式，善用"我"代替"你"。
- 站在客户的立场为客户解决问题，站在公司的立场维护公司的形象。
- 适时、真诚地赞美客户，巧妙地使用同理心。

4. 有效倾听与提问

正确的倾听态度是达到良好倾听效果的前提，每一通电话都是全新服务的开始。

- 有效倾听的四个原则：带着问题倾听；在倾听中抓住主要问题；选择型倾听；不要随意打断客户的谈话。
- 掌握提问的技巧，会帮助我们进一步了解客户的需要。关于提问的礼仪及技巧在前面的章节中已经做过介绍，此处不再讲解。

5. 确认的技巧

在与客户沟通的过程中，可能会有一些词语没有听清，也可能会有一些专业术语听不懂，这时就特别需要向客户进行确认，进一步明确客户所讲的内容，以免造成理解上的偏差。

确认的恰当时机包括：

- 当回答完客户的一个问题或解决一个异议时；
- 当客户沉默时；

- 当刚刚完成产品推荐时；
- 在促成业务或交易前。

6.通话内容也要精心准备

在通话之前，应该做好充分的准备。通话内容一定要简明扼要，不可拖泥带水、含混不清。一旦要传达的信息已经说完，应当果断地终止通话。

7.9 电话销售的礼仪禁忌

电话销售虽然不需要面对面地与客户交流，但销售的难度比实际面谈的难度还要大。在电话销售过程中，需要注意的礼仪也非常多。下面这些禁忌你一定要知晓。

1.语言方面的禁忌

- 忌用语随心所欲。要使用礼貌用语与客户沟通。
- 在沟通开始前询问用户贵姓以给予尊称或需要获取用户资料时，应该这样说："请问您贵姓？""请问您怎么称呼？"
- 无声电话也不要无礼。当遇到无声电话时，应该说："您好，您的电话已接通，请讲。"重复一遍，如仍无声，则可以说："如不咨询，请挂机，再见！"
- 结束语。"请问您还有什么需要帮助的吗？"等待客户回应，最后说："感谢您的来电，祝您生活愉快！"

2.常见的禁用语

- 常见的禁用词主要有"喂""什么""不知道""应该""好像""不可能"等。
- 常见的禁用语气主要有反问语气、质问语气、机械语气、散漫语气、愤怒语气、讽刺语气等。

3. 接听电话的禁忌

- 忌同时与多人一起通话。
- 忌通话时与旁人讲话。
- 忌使用口头禅，忌任意使用暗语。
- 忌挂断电话后议论对方。

4. 语音、语调方面的注意事项

与他人通话，语音、语调要平稳、柔和。在社交场合和商务活动中，一般以柔言谈吐为宜。此外，下面几点也要注意。

- 注意在遣词造句、语音语调上的一些特殊要求。例如，应注意使用谦词、敬语，忌使用粗鲁的词语。
- 在句式上，应少用"否定句"，多用"肯定句"。
- 在用词上，要注意感情色彩，多用褒义词、中性词，少用贬义词。
- 在语气、语调上，要亲切柔和、诚恳友善，不要随便加一些"嗯""啊""这个"等口头语，不要以教训人的口吻谈话或摆出盛气凌人的架势。
- 在语速方面，对老年人或语言不易沟通的通话人要适当放慢语速，以期达到让对方明白无误的目的。

5. 其他禁忌事项

- 对方不愿回答的问题不要追问，对方反感的问题应表示歉意或立即转移话题。
- 不谈论涉及疾病、死亡的事情。
- 在接打电话过程中绝对不能吸烟、喝茶、吃零食。不要让任何事情分散你的注意力，否则是很不礼貌的，对方也很容易觉察到你心不在焉。
- 忌姿势不正。在接打电话时，即使是懒散的姿势，对方也能够"听"出来。躺在椅子上接打电话，对方听你的声音就是懒散的、无精打采的。
- 不要直接生硬地拒绝客户。避免使用"不行""不能""不可以""我现在没空"等生硬的词汇。

- 如果是客户的抱怨电话,那么最忌讳争辩。最明智的做法就是洗耳恭听,让客户诉说不满,同时认真琢磨对方发火的原因,努力寻找正确的解决方法,用肺腑之言感动客户。

第8章
宴请礼仪：餐桌上的销售艺术

8.1 出席宴请的礼仪：不要"见食忘礼"

在销售工作及商务交往中，离不开招待客户，也经常免不了要与客户一起吃饭，难免有相互宴请等必要应酬。对于销售人员来说，宴请礼仪也是一门学问。无论是应邀赴宴，还是宴请客户，都要注意相应的礼仪，这样才能体现出你的修养和风度，才不会"见食忘礼"。如果不知道其中的礼仪和规矩，就会招致客户反感，甚至起到反作用。

自古以来，饮食筵宴成为中国人联络感情、增进友谊的重要手段。在此基础上，各种饮食礼节也由此产生，我们一定要遵守。

在接到赴宴邀请后，一定要准时赴约，并要遵守以下出席宴请的礼仪要点。

1. 确认赴约

- 在接到正式宴会请柬或者邀请后，能否出席，一般要尽早答复主人，以便对方安排席位。
- 应邀出席隆重、正式的宴会，当被邀请人不能出席时，一般不可派代表或者委派他人代替出席，除非主人另提出邀请。
- 在应邀出席宴请之前，要核实宴请的主人，宴请的时间、地点，以及是否邀请了配偶、对服装的要求等，避免走错地方，或者主人未邀请配偶却双双出席。

2. 守时是宝贵的品德

• 在接受宴会邀请之后，万一遇到不得已的特殊情况不能出席，尤其是主宾，应尽早向主人解释、道歉，甚至在以后应亲自登门表示歉意。

• 出席宴请活动，抵达时间的早晚及逗留时间的长短，在一定程度上反映出对主人的尊重。应根据活动的性质和当地的习俗灵活把握。

• 出席宴会，一般准点到达或提前两三分钟到达最为适宜。除身份高者可略晚到达，一般客人宜提早到达。

• 迟到、早退及逗留时间过短会被视为失礼或有意冷落。

3. 休闲服饰难登大雅之堂

穿着代表了一个人的身份、地位、教养及品位。在参加宴请时，穿着得体是基本常识。

• 服装要整洁、平整、大方，这是尊重他人的需要。

• 不宜穿凉鞋或者靴子，黑色皮鞋的适用性最广，可以和任何服装相配。

• 佩戴的饰品不宜过多，应尽量选择同一色系，并与整体服饰搭配协调，否则会分散大家的注意力。

• 鞋、袜、手套等搭配也有讲究。例如，女士的袜子以透明近似肤色或与服装颜色相协调为好，带有大花纹的袜子难登大雅之堂。

• 女士在正式宴会场合适合穿旗袍或套装，正式晚宴的服装颜色搭配则以素雅或色系相近为宜。

• 男士在正式宴会场合适合穿礼服、西服。在正式宴会场合穿深色西服，皮鞋不要配白色袜子。夏天或者白天可着淡色西服。

• 出席正式场合或在高档餐厅里就餐，要穿套装及有跟的鞋子。再昂贵的休闲服装，也不能随意穿着去餐厅，尤其是在国外。例如，美国比弗利山庄有一家非常不起眼的餐厅，一些好莱坞明星经常出入，这家餐厅是拒绝穿休闲服装进入的。如果客人穿着休闲服装，那么服务员会拿来西服让客人换上，之后才允许进入。

- 在选择服饰时，还要注意领口和袖口的设计，要选择方便进餐、不易走光的款式。

4. 高雅举止从用餐姿势开始

- 在入座之前，先了解自己的桌位和座位。
- 入座方式要得体，一般从椅子的左侧入座。
- 如果邻座是年长者或女士，则应主动为其拉开椅子，协助他们先坐下。
- 坐下后，身体要端正，与餐桌的距离应以便于使用餐具为佳，肘部不要放在桌面上。
- 不要随意摆弄餐台上已摆好的餐具。
- 坐姿要保持稳定，不要前后摇摆，腰板也要挺直，上臂和背部要靠向椅背而不是靠向餐桌。
- 无论是男士还是女士，用餐时跷起二郎腿都是不美观的，也是非常失礼的。
- 两脚交叉的坐姿应避免，同时双膝张开呈八字形也是要禁止的。伸懒腰、松腰带等姿势也很不雅观，要避免。

5. 用餐时的礼仪

- 用餐时要文雅，应该闭嘴咀嚼，不要发出声响。
- 如果食物太热，则应该等稍凉后再吃，切勿用嘴去吹。
- 鱼刺、骨头、菜渣等不要直接外吐，可用餐巾遮口吐在餐巾纸上。

6. 其他宴请礼仪注意事项

- 如果邻座间互不相识，则可先做自我介绍。
- 应热情有礼地与同桌的人交谈，不应只同熟人或一两个人说话。
- 在正式宴请场合禁止吸烟。私下聚会或者关系非常好的宴请，经过允许可到吸烟处吸烟，并且不要打扰他人。
- 在主人和主宾致祝酒词时，应暂停进餐、停止交谈，要注意倾听。在主宾退席后，其他人才能陆续告辞。

8.2 宴请客户的礼仪：强化关系的关键

销售人员每天会和各式各样的客户打交道，维护好客户关系，客户对你的态度会变好，产品的销路也会变得畅通。除了日常的问候与登门拜访，吃饭宴请也是常见的示好方式，可以增加与客户的交流与沟通机会，迅速拉近与客户之间的距离。

中国的饮食文化博大精深，"吃"是人与人之间情感交流的媒介。在很多时候，宴请中的"吃"只不过是一个过程，其背后的交际才是宴请的真正目的，可以强化关系甚至实现销售成功。对于销售人员来说，掌握宴请礼仪也极为重要。

1. 宴请的意义

宴请可以建立或强化业务关系，可以增进了解或达成某种协议，还可以加强沟通或达成某种共识。宴请还能探听对方的虚实，获取有用的商务信息；还能加强情感交流，消除误会。

2. 发起宴请的名义

对于销售人员来说，在与客户未建立成熟关系前，客户的商业价值基本上与请出来的难度成正比，也就是说，陌生客户很难受邀赴约。那么，有什么办法或者以什么名义去宴请客户呢？可以参考以下几个名义。

- 以公司部门的名义。
- 以管理层的名义。
- 以解决某个或某些问题的名义。
- 以保持关系、联络感情、沟通信息、结识朋友等无实质内容和目的的名义。
- 以寻求帮助或实惠的名义。
- 以感谢客户、回报客户的名义。
- 以结识新客户的名义。

- 自己最近有什么喜庆事，也可以作为宴请的理由。
- 还可以找一个认识对方的关键人物，让这个关键人物来邀请对方，三人一起用餐，也是不错的方法。

3. 宴请语言示例

宴请的理由要合理，让客户感觉不能无缘无故地接受宴请。宴请语言示例如下。

- "上次听说您到我们这儿出差，那天我正忙，这次我无论如何也得请您，尽一尽地主之谊。"
- "今天实在感谢您对我们公司产品的指教，晚上我来做东。"
- "听说这儿新开了一家×××店非常不错，我自己去吃，公司当然不能报销，您就牺牲一次，让我沾一回光吧。"
- "您是哪里人？（然后谈到对当地特色菜的欣赏，发现这里有一家客户老家的特色菜馆）要不要去品尝一下？"
- "上次吃过那家饭店的烤鱼非常不错，今天中午有空一起去品尝一下吗？"

4. 出现这些情形时宴请很有必要

- 客户对服务有误解或抱怨时。误解或抱怨的产生多是由于沟通不到位造成的。在中国，很多事情是可以在饭桌上解决的。人与人之间有矛盾与误解，可以通过宴请他人解开误会，为沟通提供机会。
- 当客户心情特别好或特别不好时。这是销售人员与客户之间抛开生意关系，真正当作朋友来相处、增加感情的好机会，一定要抓住。
- 在开发新市场、新客户时，与客户首次见面可宴请。当然，如果在第一次见面时就能让客户请你吃饭，则说明客户对你的产品或为人是非常认可的，销售就成功了一半。

5. 宴请邀请被拒绝的原因分析

对于销售人员来说，虽然发出了宴请邀请，但对方并不一定会答应赴宴。所以，在邀请前要有相应的心理准备，如邀请失败仍要泰然处之，当作自己学习成长的一次机会。宴请被拒其实并不可怕，关键是要有正确的态度。

宴请失败，要反思一下：在宴请之前，我有明确的目的吗？我了解对方吗？在邀请对方时，我有足够的诚意吗？我的宴请理由（说法）充分吗？对方拒绝的理由能够被驳倒吗？

6. 宴请的流程及准备工作

（1）调查对方的饮食偏好，设计整个宴请过程

在宴请之前，需要考虑宴请的名义、宴请的对象、对方的饮食偏好、对方的职务级别、宴请的时间和地点、经费预算等因素。

（2）列出宴请名单

- 列出被邀请者的名单。主宾、次宾、陪客都要一一罗列清楚。
- 考虑双方级别和人数的平衡。同时要妥善安排贵宾的司机及随身秘书。
- 忌在宴会上出现不相干的人。忌不相干的两批客户一同宴请。忌把有矛盾的客户安排在同一桌上。

（3）选择宴请时间

- 可按主人的需要安排时间。
- 就双方空闲时间进行协商来确定宴请时间。
- 一般来说，商务宴请不适宜安排在周末，除非对方要求。
- 一般中午用餐的时间短，多被认为是工作餐；晚上宴请时间更加充裕，显得更加正式。

（4）安排宴请的场所

- 环境优雅，接待服务周到，最好选择包间，比较适合洽谈。
- 交通要方便，停车方便要被列为重点考虑因素。
- 宴请地点依据客户的重要程度及预算来确定。宴请重要客户，一般选择四星级、五星级酒店较为合适，当然也不排除特色餐饮地点。
- 让客户来选定宴请场所。有时候，你事先确定了宴请场所，在某种意义上是对客户的不尊重。所以，在选定宴请场所前应该和客户协商。如果你实在想

规定场所，那么原则是方便客户，提供几个候选场所供客户选择。

（5）选定菜谱

有时可根据沟通的情况及客户的喜好提前选定菜谱。在很多时候也可以只选定宴请场所，待宾客到位后，由宾客根据自身喜好来选定菜谱。选定菜谱的要点如下。

- 看钱下菜，即根据经费预算和宴请档次决定上什么档次的菜做主菜、上多少菜。
- 看客下菜，即根据客户的职位、宴请的目的及客户的年龄、籍贯、个人爱好等决定上什么菜。
- 宴请的人多，菜色适宜精而全；宴请的人少，菜色适宜少而精。
- 有主有次，主次分明；有荤有素，荤素搭配；有冷有热，冷热搭配。
- 酒水饮料也要考虑。根据订餐类型、客户喜好、菜肴等来配搭不同的酒水饮料。
- 一定要询问客户有无忌口。丰俭要得当，不要太铺张浪费。

（6）发出邀请

- 无论是什么宴请，都要提前发出邀请，而不要即兴决定，不要让对方感觉自己是陪客，是来凑数的。
- 可以发请柬，或者通过电话、微信、短信等方式通知客户。
- 邀请函的内容应包括宴请的时间、地点、形式、主人姓名。以公司名义邀请，还要附上单位名称。如果是活动中宴请，则要写上活动名称的全称。
- 邀请人的姓名与职务一定要书写正确。
- 提前一周或两周发出邀请。临近宴请，一定要打电话再次确认。
- 如果邀请单独的客户，则可以让客户带上家人，以显示诚意。

7. 宴请进行中的注意事项

（1）迎接宾客

- 主人一定要比客人早到达餐厅，可在餐厅门口迎接来宾。
- 如果客人分批到达，则应边聊边等。

- 如果某些来宾迟到超过 15 分钟,则应该请其他先到的来宾入席。
- 要热情恳切、一视同仁。如果有来宾迟到,那么主人应主动为其解围。

（2）按位就座

- 进入餐厅,男主人陪着主宾,其他客人随后入席。
- 按照提前安排好的位次就座。
- 男宾要为自己右边的女宾拉开椅子,请她们就座。

（3）按时开席

- 要按时开席,不能因为个别客人未到或迟到而影响整个宴会的进程。
- 若主宾迟到,则可以延迟开席,并向其他来宾说明情况。
- 入席后,先给每位来宾斟酒或饮料。

（4）祝酒碰杯

- 当每个人的酒杯都斟满之后,主人可以即兴致几句祝酒词,但不宜长篇大论。
- 在主人或来宾致祝酒词时,应暂停进餐,停止交流,并注意倾听。
- 碰杯时,适宜轻碰,且目光要正对对方以表诚意。
- 忌只碰不喝,忌交叉碰杯。
- 宜把酒喝光,当然也不要强求别人,一个劲儿地劝酒。

8. 席间交谈的话题与注意事项

- 一般来说,在男女共处的场合,不宜谈论疾病、宗教和政治类话题。
- 不宜对其他不在场的人妄加评论。可适当地对食物及环境表示赞赏,不宜对食物进行批评。
- 并非所有的话题都要涉及工作。在提出话题时,应考虑在场者是否有忌讳。不宜谈论薪酬待遇问题,不要泄露商业机密。
- 不宜独自一人夸夸其谈。哈哈大笑、窃窃私语或大声向远处的朋友打招呼都是不体面的表现。
- 要善于与同桌的人交谈,特别是左右邻座,一声不吭被视为不礼貌。
- 忌只与一侧的宾客交谈,而忽略另一侧的宾客,这会被视为不礼貌。不要一味地只与自己熟悉的人交谈。

- 开玩笑也要有节制。要控制音量。要常用肯定的语气。要以开放的态度对待各种信息。
- 不议论领导、长辈、同事,回避对方不愿触及的问题。
- 在交谈中,要注意少说多听。静下心来仔细听别人讲话,耐心地听别人把话讲完。
- 借助一些眼神和动作,如赞许的点头、鼓励的手势等,会加深其他宾客对你的好感。
- 提问和插话时机要得当。在别人谈话停顿的间隙,可提出一些与谈话内容有关的话题来请教,可以证明你不仅在听,而且还在思考。
- 即便对方说话不准确或有错误,也不必当面妄加评论或者指出,更不要争论。
- 不要喋喋不休地向对方诉苦、发牢骚。当对方谈论失意的时候,不要谈论自己得意的事情。
- 任何一个人都讨厌在 8 小时以外的时间还在絮絮叨叨地聊工作。所以,宴请上的聊天最好是闲聊两小时,而只聊五分钟的工作,有经验的销售人员都会这么做。

8.3 中餐宴请礼仪:突出中国特色

一位美国烹饪泰斗对中国菜曾给予过相当高的评价,他说:"世界上只有两种真正很棒的美食——中国菜和法国菜。"中国菜食材众多、烹饪技术精湛、品类丰富、流派众多、风格独特、历史悠久,在世界上享有盛誉。中式宴会是以中式菜品和中国酒水为主,并使用中国餐具按中式服务程序和礼仪服务的宴会,其就餐环境与气氛凸显民族特色,是国内目前常见的宴会类型。

中餐宴请的座次、点菜、上菜、用餐、敬酒用茶等各个环节都有明确而细致的礼仪要求,作为销售人员必须熟知,否则忽略任何一个细节就有可能起不到应有的宴请效果,甚至还会起到反作用。例如,座次安排错误或敬酒碰杯礼节失误,都会让对方生气甚至难堪。下面这些中餐宴请礼仪一定要知晓。

1. 掌握中餐桌次、座次礼仪

座次是中国食礼中最为重要的一项，正所谓"排座次论英雄"，中餐宴请千万不要搞错座次，否则会给你的人际关系火上浇油，导致人际关系紧张。中餐宴请一定要提前安排好桌次和座次，以方便参加宴会的人都能各就各位，同时也能体现出对客人的尊重。

（1）中餐的桌次礼仪

- 桌次的安排。一般8～12人为一桌。
- 两桌小型宴会。面门定位：以右为尊，以左为卑；以远为上，以近为下。
- 三桌或三桌以上宴会。居中为尊，居于正中央为主桌；以右为尊，右侧地位高于左侧地位；以远为尊。
- 通常桌次地位的高低以距主桌位置的远近而定。以主人的桌次为基准，原则是右高、左低，近高、远低。
- 如果有多桌，那么桌与桌之间的排列讲究首席居前、居中。

（2）中餐的座次礼仪

- 正式的宴请多会在桌面上摆上名牌，必须依指定座位入座。
- "面朝大门为尊"，也就是说，对着门口的位置为主位。现代中餐多为圆桌，则正对大门的为主客位。其他的位次以离主客位的远近来确定主次，越靠近主客位置越尊，一般是右为主、左为次。
- 方形桌子，座次一般是"尚左尊东"，即以左为上，以东为尊。
- 主人一方的陪客要尽可能与客人交叉入座，以便于交流。要避免自己的人都坐在一起，冷落客人。如果有外宾，那么翻译一般安排在主宾右侧。
- 千万不要安排客人坐在靠近上菜的座位上，这是一大禁忌。这个上菜的位置一定要安排主人一方的人。
- 在家庭宴请中，首席为地位最尊的客人，主人则居末席。首席未落座，其他人都不能落座；首席未动筷，其他人都不能动筷。

2. 点菜的礼仪与技巧

（1）熟知中餐菜单的基本模式

中餐基本由冷盘、热炒、主菜、甜菜、点心、汤类、水果等构成。一般 8～12 人为一桌，以 12～14 道菜为宜。

（2）谁来点菜

- 作为宴请者，应该等大多数客人到齐之后，将菜单供客人传阅，并请他们依次点菜。
- 可由主人点菜，也可由客人点菜。还可以轮流点菜，每人点一道菜。
- 可由领导点菜，也可由女宾点菜，还可由职业点菜师点菜。

（3）点菜的原则

- 看人员组成。一般人均一菜是比较通用的规则，如果男士较多则可适当加量。
- 搭配要合理。要注意高、中、低不同档次菜肴的搭配。五味俱全，咸淡互补，鲜辣不克。菜品最好是有荤有素、有冷有热。如果餐桌上男士居多，则可多点一些荤食；如果女士居多，则可多点几道清淡的蔬菜。
- 注重特色。每家饭店基本上都有招牌菜与特色菜，最好点上品尝。
- 看人下菜。一般点菜的数量适宜控制在比就餐人数多 1～2 道菜。年长宾客多，适合菜式少而精；年轻宾客多，菜量可略多，但也要注重品质。
- 一定要注意来宾的喜好与禁忌，要特别注意来宾中是否有忌口。例如，有素食者不吃荤菜，还有不吃辣椒者、对海鲜过敏者、不食牛羊肉者。

（4）酒水的选择

- 餐前用饮料一般包括茶、软饮料和果汁。
- 餐后用饮料一般为茶。
- 酒与宴会要巧妙搭配。一般酒的档次与宴会的档次相一致，宴请用酒最好与宴请主题相结合、与季节相适应。
- 酒水与菜肴的搭配。注意不同的食物搭配不同的酒水。例如，竹叶青酒适合搭配鱼虾菜肴，黄酒适合搭配螃蟹，红酒适合搭配鸡鸭等。

- 一般低度酒在前,高度酒在后;软性酒在前,硬性酒在后;淡雅风格酒在前,浓郁风格酒在后。

（5）主食的选择

- 了解客人对主食的喜好。北方人饮食味道偏浓重,以面食为主。南方人饮食味道偏淡,以大米为主食,面点制品注重小巧、鲜味突出。
- 要注意不同民族及宗教信仰宾客的不同喜好。可适当考虑宾客的身体状况来选择主食。
- 根据时令选择主食。春季春暖花开,适宜不浓不淡的主食;夏季酷暑炎热,适宜消暑清凉的主食;秋季菊黄蟹肥,天气转凉,适宜与该季节相搭配的主食;冬季气候寒冷,适宜口味浓郁或与冬季气候相呼应的主食。
- 还可根据宴席的级别、主题来选择主食。

3. 中餐上菜讲究顺序

- 先征求主宾意见是否需要分菜,分菜一般是将菜分给每个来宾之后,才可以动餐具。
- 新菜先给主宾上。
- 先上冷盘后上热炒,先上菜肴后上点心。
- 先上炒后上烧,先上咸后上甜。
- 先上味道清淡、鲜美,后上味道油腻、浓烈。
- 在有规格的宴席中,热菜中的主菜,比如燕窝、海参宴里的海参等应该先上,即所谓最贵的热菜先上。
- 较浓的汤菜应该按热菜上,贵重的汤菜如燕窝等适合作为热菜中的头道菜。

4. 中餐的用餐礼仪

- 客人入席后,不要立即动手取食,而应等待主人举杯示意开始,客人才能开始,不能抢在主人前面。
- 夹菜也要文明。应该等菜肴转到自己面前时再动筷子,不要站起来去夹远处的菜。
- 要细嚼慢咽，不能狼吞虎咽。
- 当客人夹菜时，不要转走客人正在夹的菜。当客人吃饭时，不要询问问题，也不要敬酒。
- 让菜不夹菜。尤其是对外宾，不要反复劝菜，更不要为他夹菜，可向对方介绍中国菜的特点。
- 一次夹菜不要太多。不要发出不必要的声音。不要一边吃东西一边和人聊天。
- 不要挑食，不要只盯住自己喜欢的菜吃，或者急忙把喜欢的菜堆在自己的盘子里。
- 进餐过程中不要玩弄碗筷或将筷子指向别人，不要让餐具发出任何声响。
- 最好不要在餐桌上剔牙，需要剔牙时要用手或餐巾掩住嘴。
- 喝汤时也不要发出声响，要用汤匙一小口一小口地喝，不宜把碗端到嘴边喝。汤太热时，不要一边吹一边喝要等汤凉后再喝。
- 进餐时不要打嗝，也不要发出其他声响。如果发出打喷嚏等不由自主的声响，则要致歉说"真不好意思""请原谅"等。
- 需要给客人及长辈夹菜时，一定要用公筷。上新菜时，请领导、客人、长者先动筷，以表示对他们的重视。
- 吃到鱼头、鱼刺、骨头等物时，不要直接吐在桌子上或者扔在地上，而要放在自己的碟子里或者旁边的纸巾上。
- 不要只顾吃饭，而要适时地和旁边的人聊几句风趣的话，以调节气氛。

5. 中餐喝酒与敬酒礼仪

在酒桌上有很多学问和讲究，以下这些礼仪小细节不得不注意。
- 碰杯、敬酒都要有说辞，也就是喝酒要有理由。
- 饮酒时，通常要讲一些祝愿、祝福类的话，主人和主宾甚至还要致专门的祝酒词。祝酒词的内容越短越好。
- 致正式祝酒词应在特定的时间进行，不能因此影响来宾的用餐。致祝酒词适合安排在宾客入座后、开始用餐前。

- 祝酒、敬酒时进行干杯，需要有人率先提议，主人、主宾和在场的人都可以提议。
- 提议干杯时，应起身站立，右手端起酒杯或者用右手拿起酒杯后再用左手托扶着杯底，面带微笑，目视其他人，特别是自己的祝酒对象，同时说一些祝福类的话。
- 有人提议干杯后，即使滴酒不沾，也要拿起酒杯做做样子。将酒杯举到与眼睛齐平，当说完"干杯"后，将酒一饮而尽或喝适量的酒。然后还要手拿酒杯与提议者对视一下，这个干杯过程才算结束。
- 在干杯前，可以象征性地和对方碰一下酒杯。在碰杯的时候，应该让自己的酒杯低于对方的酒杯，以表示对对方的尊敬。
- 当你离对方比较远时，还可以这样代为碰杯：用酒杯杯底轻触桌面，表示和对方碰杯。
- 主人亲自敬酒干杯后，一般要回敬主人，和他再干一杯。
- 在一般情况下，敬酒应以年龄大小、身份职位高低、宾主身份为先后顺序，一定要充分考虑敬酒的顺序，分清主次。一般给身份高、年长者、尊者先敬酒。
- 敬酒时应从主宾开始，依次进行。对主要客人要敬酒而不要劝酒。
- 即使和不熟悉的人在一起喝酒，也要先打听一下对方的身份或留意别人对他的称呼，避免出现尴尬的情况。
- 敬酒时一定要起身站立，双手举杯。可以多人敬一人，最好不要一人敬多人，除非你是领导。
- 自己敬别人酒，如果不碰杯，那么自己喝多少可视对方的酒量、对方喝酒的态度等来决定，切不可比对方喝得少，以示尊重。如果自己的酒量实在不行，那么一定要和对方解释一下。
- 自己敬别人酒，如果碰杯，则可以这样说："我喝完（我干了），您随意。"这样方显自己大度。
- 如果没有特殊人物在场，那么敬酒最好从主宾处按顺时针或逆时针顺序进行，不要厚此薄彼。

- 敬酒的顺序一般是：主人敬主宾→陪客敬主宾→主宾回敬→陪客互敬。作为客人，不要喧宾夺主乱敬酒，那样显得很不礼貌，也是对主人的不尊重。
- 如果因为生活习惯或健康等原因不适合饮酒，则可以委托部下、晚辈代喝，或以饮料、茶水来代替。一般对方会有解释，比如喝酒过敏或者健康原因不适合饮酒。遇到这种情况，敬酒人要充分体谅对方。

6. 中餐上的用茶礼仪

- 茶具要清洁。在冲茶、倒茶之前最好用开水烫一下茶壶、茶杯，这样既讲究卫生，又显得彬彬有礼。
- 茶叶要适量。茶叶过多，茶味过浓；茶叶太少，冲出的茶味道不够。假如客人主动介绍自己喜欢喝浓茶或淡茶，则要按客人的口味把茶冲好。
- 在倒茶的时候，无论是大杯还是小杯，都不要倒得太满，太满了容易溢出烫伤自己或他人。当然，也不宜倒得太少，会使人感觉你没有诚意。
- 在端茶的时候要用双手。如果是有杯耳的茶杯，那么通常你用一只手抓住杯耳，用另一只手托住杯底，把茶端给客人。
- 要注意观察，如果领导和客户的杯子里需要添茶了，则要主动去做。在添茶的时候要先给领导和客户添，最后给自己添。

7. 中餐离席的礼仪

- 宴请结束时，应主动询问客人是否吃好，是否还需要添加菜品、主食、酒水等。
- 用餐完毕后，不要放下饭碗就离桌而去，而应礼貌离座，并帮助主人做一些力所能及的事。
- 一般用酒和用茶的时间比较长，如果你确需中途离场，千万不要和宾客一一告别，那样会引起众人一哄而散，非常难堪。你只需要悄悄地和身边的两三个人打招呼即可离开。
- 中途离开酒会现场，一定要向邀请你来的主人致歉，不可一溜烟地不见了。而且在和主人打招呼之后，就应该马上离开，不要拉着主人聊个没完。

8.4 西餐宴请礼仪：熟知规矩，以免贻笑大方

西餐一般以刀叉为餐具，以面包为主食，以长形桌台为台形。西餐在座次、菜品、用餐礼仪等方面与中餐有很大不同。吃西餐看起来非常优雅，同时西餐的讲究也非常多，如果不懂西餐礼仪，就会闹出很多笑话。西餐也是一种文化的沉淀，从入座、点餐到用餐都有一套规范的礼仪，销售人员一定要知晓。

1. 西餐的特点

西餐与中餐有很大不同，在宴请前需要了解西餐的特点与分类。西餐的主要特点是主料突出、形色美观、口味鲜美、营养丰富、供应方便等。正规西餐应包括餐汤、前菜、主菜、餐后甜品及饮品。西餐的餐具也很考究，除瓷制品外，水晶、玻璃及各类金属制餐具占很大比重。

2. 西餐的宴请准备

- 确定宴请的目的、对象、范围与形式。
- 预约西餐厅，说明人数和时间。
- 发出邀请及请柬。
- 确定菜品、酒水和席位安排。

3. 西餐宴请的席位安排礼节

西餐的桌位、席位与中餐完全不同。西餐通常采用长条桌，所以，在座位的排列上也有自身的要求与特点，主要礼节如下。

- 依国际上的习惯，桌次高低以离主桌位置远近而定，右高左低。
- 同一桌上，通常以离主人座位的远近来决定客人座次的高低。离主人越近者，地位越高；反之则地位越低。
- 西餐座位安排一般都是男女各半，入席时男女间隔而坐。
- 以女主人的座位为准，主宾坐在女主人的右上方，主宾夫人坐在男主人的右上方。

4. 西餐的点菜及上餐礼仪

- 头盘。第一道菜被称为头盘，也称为开胃品。一般有冷头盘和热头盘之分，常见的品种有鱼子酱、鹅肝酱、熏鲑鱼、鸡尾杯、奶油鸡酥盒等。
- 汤。分为清汤、奶油汤、蔬菜汤和冷汤四类。菜品有牛尾清汤、各式奶油汤、海鲜汤、美式蛤蜊汤、意式蔬菜汤、俄式罗宋汤、法式葱头汤等。
- 副菜。包括海鲜鱼类、蛋类、面包类、粉面类菜肴。西餐吃鱼类菜肴讲究使用专门的调味汁。
- 主菜。包括肉、禽类菜肴。最具代表性的是牛肉或牛排。禽类菜肴的原料取自鸡、鸭、鹅。
- 蔬菜类菜肴。可在肉类菜肴之后，或与肉类主菜一起上桌。与主菜同时搭配的沙拉称为生蔬菜沙拉。
- 甜点。有布丁、冰激凌、奶酪、水果等。
- 咖啡、茶。饮咖啡一般加糖和淡奶油。

一般点菜选前菜、主菜（鱼或肉择其一）加甜点即可。先选一样最想吃的主菜，再搭配适合主菜的汤。

5. 西餐的就餐礼仪

（1）服饰与入座

进入高档餐厅，男士要穿着整洁的上衣和皮鞋，女士要穿套装和有跟的鞋子。如果指定穿正式服装，那么男士必须穿西装打领带。

最得体的入座方式是从左侧入座。女士优先，男士应该主动为女士服务。

（2）餐巾及刀叉的使用礼仪

餐巾的使用礼仪如下：

- 大餐巾可折起（一般对折），折口向外平铺在腿上。小餐巾可伸开直接铺在腿上。不可将餐巾挂在胸前或塞在领口上；
- 餐巾是为了防止调味汁滴落弄脏衣物，但最主要的还是用来擦拭嘴巴，不可用来擦拭脸部或擦拭刀叉、碗碟；
- 餐巾用完无须折叠整齐；

- 在用餐过程中，若想暂时离开座位，则可将餐巾放在椅背上，表示你还会回来。若将餐巾放在餐桌上，则表示你用餐完毕。

刀叉的使用礼仪如下：

- 从外侧往内侧取用刀叉，要左手持叉、右手持刀；
- 切东西时用左手拿叉按住食物，右手执刀将其锯切成小块，然后用叉子送入口中。使用刀时，刀刃不可向外；
- 进餐中放下刀叉时，应摆成八字形，分别放在餐盘边上。刀刃朝向自身，表示还要继续吃；
- 进餐过程中谈话可以拿着刀叉无须放下，但做手势时就应放下刀叉；
- 在餐桌上，食物都应该用刀叉去取。只有小萝卜、青果、水果、干点心、干果、糖果、玉米、田鸡腿和面包等可以用手拿着吃。绝不可用叉子去叉面包；
- 用餐结束后，可将叉子的下面向上，刀子的刀刃侧向内与叉子并拢，刀叉柄朝向自己，平行放置于餐盘上；
- 任何时候都不要把刀叉的一端放在盘上，另一端放在桌上。

（3）餐匙的使用与喝汤礼仪

西餐一般有两种餐匙，个头大的叫汤匙，一般是圆形或椭圆形的；个头小的是吃甜食用的。

西餐的汤分为清汤及浓汤。较正式的餐厅在供应清汤时，使用椭圆形汤匙及汤杯；在供应浓汤时，使用圆形汤匙及宽口汤盘。

需注意喝汤时的礼仪。

- 汤即将喝尽时，可以将汤碗倾斜，然后用汤匙取食。
- 喝汤时不能发出声音，不可用嘴将汤吹凉，可以轻轻摇动使其稍凉。
- 食用完毕后，把汤匙放在靠自己身前的底盘上或放在盘中。将汤匙的柄放在右边，而将汤匙凹陷的部分向上。

6. 西餐中的饮酒礼仪

（1）酒水的种类与酒具

- 白酒，也就是蒸馏酒，为烈性酒，酒精含量高，在西餐中很少使用。饮用时一般用小玻璃杯。

- 啤酒，为发酵酒，酒度较低。饮用时一般用带把的啤酒杯。
- 葡萄酒，分为白葡萄酒和红葡萄酒两种。饮用时用高脚杯。
- 香槟酒，是一种富含二氧化碳的起泡白葡萄酒，原产于法国香槟地区，故名香槟酒。饮用时用郁金香形酒杯或长笛形酒杯。
- 白兰地酒，用葡萄汁发酵之后蒸馏而成，又称"蒸馏葡萄酒"。饮用时用杯口小、腹部宽大的矮脚酒杯。
- 威士忌酒，由谷物发酵酿造而成的烈性蒸馏酒，酒精含量一般在 40 度左右。饮用时用外形矮胖的平底小玻璃杯。
- 鸡尾酒，是一种混合型的酒，并非某一种类的酒，而是用各种不同的酒及果汁、汽水、糖浆等其他饮料调配而成的。饮用时用北美型鸡尾酒杯或欧洲型鸡尾酒杯。

（2）用餐中的酒水礼仪

- 餐前酒（开胃酒）。在开始正式用餐前饮用，或在吃开胃菜时与之搭配饮用，一般是鸡尾酒、香槟酒。
- 佐餐酒（餐酒），也就是正式用餐期间的饮用酒水。西餐里的佐餐酒均为葡萄酒，而且大多数是干葡萄酒或半干葡萄酒。一般是白酒配白肉，红酒配红肉。
- 饮用葡萄酒的顺序。先喝清淡的葡萄酒，再喝浓郁的葡萄酒；先喝不甜的葡萄酒，再喝甜葡萄酒；先喝白葡萄酒，再喝红葡萄酒。
- 餐后酒，也就是用餐之后用来帮助消化的酒水。常见的餐后酒是利口酒，又叫香甜酒。十分有名的餐后酒是白兰地酒。

（3）西餐中的喝酒礼仪

- 若是白酒，按照西餐礼仪，不必斟满，只需半杯即可。
- 只有香槟是可以倒满酒杯的。若是红酒，只需 1/4 杯即可。
- 不能拒绝对方的敬酒。即使自己不会喝酒，也要端起酒杯在嘴唇边碰一下来回敬对方，否则是一种不礼貌的行为。
- 忌举杯一饮而尽。文雅的饮酒是懂得品评酒的色、香、味，慢慢地品味。
- 在西餐宴席上往往敬酒不劝酒，即使是劝酒，也要点到为止。

- 礼貌的饮酒这样做：首先，举起酒杯，双目平视，欣赏酒的色彩；其次，稍微端到近处，轻闻酒香；再次，小啜一口，慢慢品尝；最后，赞美酒好、酒香。

7. 西餐用餐的其他礼仪

- 进餐时，应该同身旁的人有所交谈，不要冷漠不语。但是，在咀嚼食物时不要讲话。
- 当服务员依次为客人上菜时，走到你的左边，才轮到你取菜。
- 用餐完毕，客人应等女主人从座位上站起后，再一起随着离席。
- 起立后，男士应帮助女士把椅子归回原处。

8. 西餐用餐禁忌

- 不允许在进餐时发出声响。
- 不允许替他人取菜。
- 不允许吸烟。
- 不允许向别人劝酒。
- 不允许当众宽衣解带。

8.5 自助餐礼仪，是否知礼节，一餐见分晓

在商务交往中，尤其是在大型活动或一般性场合，自助餐也是一种不错的聚餐选择。相对于招待客户用的正规中餐及西餐而言，自助餐不用安排座次，可以各取所需，也比较节省费用，而且礼仪讲究不多，宾主双方都很方便，用餐的时候每个人都可以自由活动、随意交际。所以说自助餐是讲究个性、讲究效率、讲究务实为本的现代人所欢迎的一种宴请形式。但自助餐宴请作为一种交际活动，也有自身的礼节，如果不注意相关礼仪细节，那么依然会给客户留下不好的印象，从而影响人际关系甚至业务往来。

1. 什么时候选择自助餐宴请

在举办大型活动，招待为数众多的来宾时，常常采用自助餐的宴请形式。如果需要宴请的客人超过百人，那么自助餐通常是一种非常好的选择。

另外，虽然客人很少，但自己这方无人招待也没有陪客，自助餐也是非常不错的选择。

2. 自助餐的场地与时间选择

- 当宾客人数众多时，一般选择在酒店里举办自助餐。
- 当宾客人数较少时，如果条件允许，则可以在自己家里或公司的礼堂、会场等一些比较开阔的场地举办自助餐。最佳的选择是露天的庭院。
- 在一些花园里、小型广场上举办自助餐效果也不错，但要注意环保问题。在室外举办自助餐，一定要提前关注天气情况。
- 如果宴请的客人不多，那么最省钱、省事、省气力的选择就是到星级酒店去吃自助餐，能保证及时供应丰富、新鲜的食物。
- 在时间方面，中午和晚上都可以。一般来讲，自助餐只限定开始的时间，并不限定结束的时间，一般 1～2 小时即可。

3. 自助餐礼仪

- 排队取菜。自助餐用餐者要自觉遵守公共秩序，排队选取食物。不要在繁多的食物前犹豫不决，让身后的人久等，也不要挑挑拣拣或者直接用手或者自己的餐具取菜，这些都是不礼貌的行为。在一般情况下，可以按照逆行或者顺行的顺序，跟着大家一起行动，这样才会显得秩序井然。
- 最好循序取菜。取菜最好也按先后顺序，依次为冷菜、汤、热菜、点心、甜品和水果。但这并不是强制遵守的，也可以依照自身喜好取用。在取菜前，可以先在全场转上一圈，了解一下菜品，再开始有选择地取菜。
- 量力而行，多次少取。这是一条非常重要的原则。在享用自助餐时，多吃是允许的，而浪费食物则绝对不允许，有的餐厅规定剩余超过一定量会罚款。

在取菜时，最好每次只选一两种，这样可以避免将各种菜肴混在一起，导致相互串味。

- 避免外带。这也是一条非常重要的原则。多数自助餐只允许用餐者在现场享用，不允许用餐之后携带出餐厅享用。
- 考虑到他人。比如前往自己熟悉的自助餐厅，可以为客人介绍这家餐厅的特色，并提出一些选取菜肴的建议。但是，千万不要为对方代取食物。
- 别忘记交际。在享用自助餐时，销售人员必须明确，吃东西往往属于次要之事，而与客户进行适当的交际活动才是重要的任务。

4. 自助餐的其他礼仪及注意事项

- 吃东西不能发出声音。现场不能吸烟。女士不能当众化妆或补妆。
- 要送回餐具。通常，在自助餐用餐完毕之后，要把用过的餐具送到回收车或回收柜中，尤其是在花园、庭院中享用自助餐时。
- 切勿为了吃得过瘾而疯狂取用食物，最后吃不完导致浪费。

8.6　鸡尾酒会礼仪：美酒怎可少了礼仪

一般将正餐前的酒会称为鸡尾酒会，时长在两小时以内，只备酒水、点心、水果，站着吃，自由取食。鸡尾酒会通常不设座椅，目的是促使客人多走动，增加交际范围。所以，参加鸡尾酒会不应把注意力集中在食物上，而应当去和更多的人交谈。

参加鸡尾酒会可以不必特意讲究衣着，也不必受时间的约束，令客人倍感自在，所以，近年来也十分流行。这种宴请形式比较活泼且时尚、简约，方便宾客之间广泛接触与交流。通常鸡尾酒会以酒水且多以鸡尾酒为主，配备一些点心、水果。可见，举办鸡尾酒会的初衷就是淡化美食菜肴，而注重结友交流，其中的礼仪细节非常重要，需要时刻注意。

1. 鸡尾酒会宴请的准备工作

- 根据宴请的客人名单决定场地。

- 正式的鸡尾酒会通常采用请柬，且以女主人的名义发出。比较随意的酒会可用电话通知，但也要提前几天通知对方。
- 酒水分为含酒精的饮料和不含酒精的饮料。总的原则是清凉爽口，酒精含量低，一般不用或少用烈性酒。一般来说，鸡尾酒会提供的酒精饮料可以是雪利酒、香槟酒、红葡萄酒和白葡萄酒，也可提供一种混合葡萄酒及各种烈性酒和开胃酒。
- 鸡尾酒是一种混合饮品，是由两种或两种以上的酒和饮料、果汁、汽水混合而成的。鸡尾酒的基本成分是烈酒，添加成分是利口酒和其他饮料、香料、添色剂，比如可添加果汁、汽水、矿泉水等。
- 鸡尾酒通常以朗姆酒、金酒、龙舌兰、伏特加、威士忌、白兰地等烈酒或葡萄酒作为基酒，再配以果汁、蛋清、牛奶、咖啡、糖等其他辅助材料加以搅拌或摇晃而成，最后还可用柠檬片、水果或薄荷叶作为装饰物。
- 绝大多数鸡尾酒都是冰饮，在制作过程中需要加冰冷却，但是杯中不一定会有冰块。在鸡尾酒会上还应准备至少一种不含酒精的饮料，比如番茄汁、果汁、可乐、牛奶等。这些不含酒精的饮料一般可以起替代含酒精的饮料和调制酒品两个作用。
- 如果宴请规模小，则可以只备两三种酒，每人预备三杯酒。
- 如果宾客中有中老年人，则要尽量考虑到中老年人的身体状况和特殊需求，在餐桌旁放几把椅子也很有必要。

2.鸡尾酒会的用餐礼仪

- 服饰。虽然要求比较随意，但略正式一些更好。例如，男士可着深色西装，女士可着裙装或鸡尾酒裙装并穿高跟鞋。参加鸡尾酒会忌穿白色服饰，黑色着装会万无一失。
- 人数众多的鸡尾酒会可安排几名服务员手托饮料和点心四处走动，供客人取用。
- 一定要用左手拿酒杯，这样可以随时准备伸出干净的右手和别人握手。
- 取食要有度，要多次少取，全部吃完。取餐要沿着顺时针方向。
- 有的食物是用牙签串着的，有的没有用牙签串，这时就需要用手拿。在拿取这些食物的时候应该顺手拿一张纸巾,以随时擦拭自己的手和嘴。
- 不要开怀畅饮,也不要大呼小叫地劝酒,这显得很不礼貌。

3. 鸡尾酒的品酒礼仪

- 观色。握住杯脚或杯底,倾斜45°,对着白色的背景观察酒的外观和颜色。
- 摇晃。一般流得越慢,酒质就越好。
- 闻香。先呼吸一口室外的新鲜空气,然后紧握杯脚,把杯子倾斜45°,用鼻尖探入杯内闻酒的原始气味。将酒杯旋转摇动后,迅速闻酒中释放的气味。
- 品尝。在品尝前不要吃过甜的食物,要让酒自然地流在舌头上,在口腔中滚动。
- 回味。经过上述流程后,要好好回味一下。

4. 参加鸡尾酒会的注意事项

- 不要提前到场,也不要在结束前几分钟才到场。
- 和别人说话时不要东张西望。
- 不要抢着和贵宾谈话,不给别人搭讪的机会。

8.7 饮酒礼仪:头脑清醒,切忌贪杯

很多人对饮酒的印象都停留在"大口喝酒,大口吃肉"中,这种豪情让人意气风发、激情澎湃。但在商务及社交场合,这样饮酒是不对的。下面简要介绍一下饮酒的相关礼仪。

1. 斟酒的礼仪

下面以白酒为例进行说明。

- 入席后,主人应当首先为客人斟酒,酒瓶应当场打开。斟酒时,应右手持酒瓶,将商标朝向宾客。
- 斟酒时,要站在客人身后右侧,不要紧靠客人,也不能离得太远。

- 斟酒时，瓶口不可搭在酒杯上，间隔两厘米为宜，免得彼此碰击。
- 虽然古语云"茶半酒满"，但这是对于朋友或者较为熟悉的人而言的。在商务及社交场合，白酒一般斟七八分满即可，以便于与客人初次碰杯时不至于把酒洒在手上。
- 红酒一般斟到酒杯容量的1/3处。对于葡萄酒、香槟酒、白兰地、甜酒等，如果用于佐餐，则可适当略多，但也不宜斟满，最多斟到酒杯容量的2/3处即可，以便在饮用时能让酒在杯中漩起来，让酒香溢出。
- 在参加商务宴会时，斟酒要严格地按照"从高到低"的顺序。一般从主宾位开始，再斟主人位，然后按顺时针斟酒。如果在座的有年长者、职务较高的领导或远道而来的客人，则应该先给他们斟酒。
- 当斟酒人为主人、主宾或长辈时，自己受酒应该起立并微微弯腰，端起酒杯并稍微倾斜接受斟酒。当斟酒结束时，要明显地点头以示对斟酒人的感谢或尊敬。一般来说，受斟后应该端起酒杯主动敬斟酒人一杯，自己先干，斟酒人随意。

2. 饮酒的礼仪

- 如果客人不喜欢喝这种酒，那么最好不要强人所难，可用其他酒或饮料代替，以表示对客人的尊重。
- 在饮第一杯酒前，主人应致祝酒词。祝酒词要围绕聚会的中心话题，语言应简短、精练、亲切，有一定的内涵，能为宴会的进行创造良好的气氛。
- 饮酒要留有余地，要慢慢地细饮，特别是饮用烈性酒，最好不要一饮而尽。
- 在碰杯时，主人和主宾先碰，再与其他客人一一碰杯。人数较多时可以同时举杯示意而不一定碰杯。祝酒时注意别交叉碰杯。
- 遇到需要举杯的场合，切忌贪杯，以免饮酒过量而出丑。
- 在工作前最好不要饮酒，以免与人谈话时酒气熏天。
- 礼貌劝酒。"舍命陪君子"是不自量力、不礼貌的行为，劝酒不成而恼羞成怒则是劝酒者的无德、无礼。碰杯和喝多少也应随个人之意，以喝酒多少论诚意的做法是不通情理的。

- 勉强或强迫别人喝酒，会使对方感到为难。看到某人的酒杯空了，应该有礼貌地询问："再喝一杯？"如果对方用手遮住杯口，那么最好不要强求对方再饮酒。
- 酒量要适度。不管在哪种场合饮酒，都要有自知之明，努力做到"饮酒不醉为君子"。
- 在公共场合忌猜拳行酒令，会显得吵闹喧嚣、粗野放肆。
- 忌酒后无德、言行失控。

8.8 敬酒礼仪：切不可强人所难

敬酒也是宴请中必不可少的一项程序。频频举杯祝酒，会使现场氛围热烈而欢快，但一些敬酒礼仪必须知晓。

1. 敬酒不要强人所难

有的人喜欢喝酒，有的人不喜欢喝酒。每个人的酒量都不尽相同，有的人"千杯不醉"，而有的人"沾酒就醉"。而且每个人喜欢的酒的品类、度数、香型都不一样。所以，在敬酒的时候，千万不要强人所难。

在宴会现场，有的人喜欢到处敬酒，甚至还强迫别人陪他们喝酒，为了避免尴尬，很多被敬酒的人只能硬着头皮陪他喝酒。需要注意的是，这在商务场合是绝对不允许的，向客户敬酒更不应该如此，因为这样做会影响你与客户的关系，无法拉近彼此之间的距离。这种强迫人喝酒的方式只会让对方感到为难。

还有的人虽然自己不喜欢喝酒，但是又不想失礼，便以茶代酒向客户或领导敬酒。这种行为也是非常不受欢迎的，自己不喝酒，最好不要去敬酒。

2. 敬酒的时机与顺序

正式的敬酒一般是在宾主入席后、用餐开始前，先由主人来敬酒，一般会致祝酒词。在他人敬酒或致祝酒词时，其他在场者应一律停止用餐或饮酒，面向对方，洗耳恭听。

普通的敬酒在主人正式敬酒之后就可以开始了。但要注意必须是在对方方便的时候，比如，当时没有别人在敬酒，对方也没有在吃东西。

在敬酒前一定要充分考虑敬酒的顺序，分清主次，避免出现尴尬的情况。一般以年龄大小、职位高低、宾主身份为序。敬酒的顺序一般是主人敬主宾，然后陪客敬主宾；主宾回敬后，陪客之间再相互敬酒。

3. 敬酒的礼仪

- 当主人提议干杯的时候，所有人都要端起酒杯，站起来相互碰杯，但不一定要喝完。
- 来宾也可以向集体敬酒。祝酒词说一两句即可，比如："为了以后的合作愉快，大家干杯！"
- 当自己向集体敬酒时，首先要起身站立，然后面带微笑，手拿酒杯，面朝大家，附上一两句祝酒词。
- 当别人向自己敬酒时，手举酒杯到双眼高度，一定要等对方说完祝酒词或干杯之后再喝。喝完要手拿酒杯与对方对视一下。
- 敬酒一般是一人敬对方，也可以多人敬一人，而领导则可以自己一人敬大家。
- 不同地区的敬酒仪式是不一样的，表达敬意的方式也是不一样的，要入乡随俗。
- 在中餐中，如果主人亲自向你敬酒后，那么你还要回敬主人。在回敬的时候，如果碰杯要轻碰，而且自己的酒杯要低于对方的酒杯，以示敬重对方。
- 领导跟你喝酒及敬酒，一般都要先干为敬。
- 西餐中的敬酒与中餐中的敬酒有很大不同。在西餐中，敬酒不劝酒，也很少碰杯；不可越过身边人与相距较远者祝酒干杯，更忌讳交叉干杯。

4. 干杯的礼仪

- 干杯需要有人率先提议。提议干杯者可以是致祝酒词的主人、主宾，也可以是其他任何在场的饮酒之人。

- 在干杯时，往往要喝完杯中之酒。有时候，干杯者相互之间还要碰一下酒杯，也就是碰杯。
- 当你提议干杯时，应起身站立，面含笑意目视他人（主要是祝福对象），口诵祝颂之词，比如，祝对方身体健康、生活幸福、节日快乐、事业成功及双方合作成功等。
- 宴请期间的干杯或共同敬酒一般以一次为宜，次数不宜过多。

8.9 喝咖啡的礼仪：如何才能喝出情调

咖啡作为世界三大饮品之一，在很多社交场合及西餐宴请场合都会有它的身影。但很多人喝咖啡时只是单纯地喝，并没有注意它的礼仪，看起来比较随意。其实，喝咖啡也有约定俗成的礼仪，掌握这些礼仪，能够让你在喝咖啡时更加优雅，变身"气质男神（女神）"，并喝出情调。

> 一天，蒋林约一位客户到咖啡馆里谈论合作事宜。服务员端上咖啡之后，由于咖啡很烫，只见对方朝咖啡杯吹了起来。随后他用夹子向咖啡杯里放了一块方糖，咖啡溅了出来，他用纸巾擦拭之后就用咖啡匙轻轻地搅拌起来，接着用咖啡匙一勺一勺舀着咖啡喝了起来。蒋林见状皱起了眉头，露出不悦的神情。接下来的几天，当客户询问合作事宜的时候，蒋林便借口老总指定了供应商而拒绝了客户的合作请求。

显然，蒋林邀约的这位客户并不懂得喝咖啡的礼仪，导致了业务上的失败。咖啡即便很烫也不能用嘴去吹，加方糖的时候应该把方糖放在咖啡匙上再慢慢放入杯中，这样就不会溅起咖啡了。此外，也不能用咖啡匙舀咖啡喝。

一般来说，喝咖啡的礼仪包括喝之前的搅拌、加糖、端咖啡杯等姿势，下面一起来看一下。

1. 咖啡杯这样端才优雅

餐后饮用的咖啡一般是用袖珍型的杯子盛放的,这种杯子的杯耳较小,手指无法穿过。但即使用较大的杯子盛放,也不要用手指穿过杯耳来端咖啡杯。咖啡杯正确的端法是用拇指和食指捏住杯耳,再将杯子端起即可。

当服务员或对方把咖啡端到你面前时,先不要急于喝,应该像品茶或品酒那样,有一个循序渐进的过程,以达到放松、提神和享受的目的。先闻香,感受一下咖啡扑鼻而来的浓香;再观色,感受咖啡呈现出的视觉印象。

2. 给咖啡加糖的礼仪

- 加方糖的正确方法是先把方糖放在咖啡匙上,再放入杯中,这样就可以避免咖啡溅起。不要用手或糖夹子直接把方糖放入咖啡杯中,也不要用咖啡匙来捣碎方糖。
- 加砂糖比较简单,直接用咖啡匙舀取,加入杯中即可。
- 咖啡加糖、加奶要让饮用者自行选择,不要代劳。

3. 咖啡的饮用礼仪

- 咖啡匙是专门用来搅拌咖啡的,在饮用咖啡时应当把它取出来。不能用咖啡匙舀着咖啡一匙一匙地慢慢喝。
- 喝咖啡前先喝一口冷水,清洁一下口腔,这样能让咖啡的味道鲜明地浮现出来,让咖啡的口味更显清纯。
- 咖啡一般趁热喝,因为咖啡中的单宁酸容易在冷却过程中使口味变酸。
- 咖啡太烫的话可以用咖啡匙在杯中轻轻搅拌使之冷却,或者等待其自然冷却,然后再饮用。不要用嘴去吹咖啡,这样显得非常不文雅。
- 一般来说,喝咖啡时只需端起杯子即可。端起碟子或托住杯底喝咖啡被认为是失礼的行为。除非没有餐桌可以依托,这时可以用左手端起碟子,用右手端起咖啡杯来饮用。
- 盛放咖啡的杯碟应当放在饮用者的正面或者右侧,杯耳指向右方,以方便他人饮用。

- 喝咖啡时不宜大口吞咽，也不宜俯首去接近咖啡杯，而要让咖啡杯靠近嘴巴。
- 喝咖啡时不要发出怪异的声响。喝完咖啡，应立即将咖啡杯置于咖啡碟中，不要将二者分开放置。
- 不要端着咖啡杯满屋走动，也不要端着咖啡杯说个不停。不要一口气就把咖啡喝完。
- 添加咖啡时，不要将咖啡杯从咖啡碟中拿起来。
- 饮用咖啡时可以吃点心，但不能一手端咖啡杯一手拿点心，吃一口、喝一口这样交替进行，而应该喝咖啡时放下点心，吃点心时应放下咖啡杯。

8.10　饮茶礼仪：酒满茶半，以茶表敬意

中国是礼仪之邦，自古便有"酒满茶半"的说法。在敬酒的时候酒要倒满，代表对客人的尊敬。"茶半"并不是茶要倒半杯，而是要倒七八分满，因为热茶太满了容易烫伤自己或对方，而且也难以拿取，还可能因为烫手导致茶杯掉落被打破，让客人非常难堪。此外，还有"茶满欺人"的说法，认为把茶倒满是对客人下逐客令。对于销售人员来说，在招待及宴请的时候经常会用茶饮，所以，一定要掌握冲茶、敬茶的各种礼仪。

在很多地区及场合，在敬茶时还会看到"屈指代跪"的做法，就是主人给客人倒茶时，客人把右手的食指和中指并拢，自然弯曲，轻轻敲击桌面，这是一种感谢的礼节，被人们形象地称为"屈指代跪"。

> 这个茶礼相传起源于乾隆年间。乾隆皇帝下江南微服私访时，在茶馆喝茶时一时兴起，抓起茶壶就给随行的臣子们倒茶，这可把大家吓坏了，因为按当时的礼仪，皇帝给予的任何东西都属于赏赐，接受者要跪下谢恩才行，但大家又不想暴露乾隆的身份，怎么办？情急之下，有一个大臣想出了主意，就是前文所说的"屈指代跪"，大家也都跟着学了起来。此后，这也成了一种茶礼。

另外，在敬茶时除了可以"屈指代跪"外，还可以用手扶一下杯子，以示尊敬。无论是在办公室里接待来访者，还是在宴会上招待客人，茶水都是必备品。中国是茶的故乡，有着悠久的种茶、喝茶历史，也有着严格的饮茶、敬茶礼仪。作为销售人员，下面这些饮茶礼仪必须熟知。

1. 沏茶前的准备

- 茶具以陶瓷制品为佳，不能有茶锈。要特别注意检查茶杯或茶碗有无破损或裂纹，残破的茶杯、茶碗是不能用来待客的。
- 在为客人沏茶之前要先洗手，并洗净茶杯或茶碗，经常会先用开水烫杯。
- 在沏茶前，可事先征求客人的意见，询问对方喜欢红茶、绿茶还是花茶等。中国有十大名茶，每种茶都有不同的口味。最好多备几种茶，供客人选择。接待外宾时还要遵循他们的习惯，一般美国人爱喝袋泡茶，欧洲人爱喝红茶，日本人爱喝乌龙茶。

2. 冲茶及敬茶礼仪

- 将茶叶放入茶壶或茶杯时应使用茶匙摄取。在冲茶之前最好用开水冲烫一下茶壶和茶杯。
- 在冲泡时，用开水注入盖碗或茶壶使茶叶翻滚，待盖碗或茶壶满时，用盖轻轻刮去碗口的泡沫，再冲洗掉残留在盖口的泡沫。这样有利于茶叶的舒展，也是礼貌的表现。
- 茶水不要沏得太浓或太淡。如果是红茶，则可准备好方糖，请客人自取。
- 每一杯茶斟七八分满就可以了。将泡好的茶端给客人时，最好使用托盘。如果不用托盘，注意不要让手指接触到杯沿。
- 当主人向客人献茶时，应起立并用双手把茶杯递给客人，说一声"请用茶"或"请喝茶"。
- 上茶的原则是：先尊后卑，先老后少，先女士后男士。在第一次为对方斟茶时，要按照"先尊老、后卑幼"的原则；第二遍时可按顺序斟茶。
- 在敬茶时，先敬客人，再敬自家人。

- 在接受对方斟茶时，要有回敬反应。如果喝茶人是长辈及尊者，则可用中指在桌面上轻弹两下，表示感谢；如果喝茶人辈分小或平辈，或者职位相当，则可用食指、中指在桌面上轻弹两下，表示感谢。

3. 饮茶及续茶礼仪

> 客户约张敏去茶室喝茶，让服务员上了一杯铁观音。或许是天气炎热口渴的缘故，茶一端上来，张敏便大口吞咽茶水，并发出咕咚咕咚的声音，甚至还将里面的茶叶也喝了进去，咀嚼了起来。客户见状只能微笑着说"慢点儿喝"，同时让服务员续杯。

在饮茶时，讲究小口品饮，切忌大口吞咽并发出声响。正所谓"一苦，二甘，三回味"，茶是需要细品的，而张敏就犯了大口吞咽并发出声响的错误。下面这些饮茶礼仪也一定要重视。

- 遇到漂浮在水面上的茶叶，可用杯盖拂去或轻轻吹开，不能用手从杯中捞出，也不要吃掉。
- 当客人喝过几口茶后，应立即续上茶水，绝不可以让其杯中茶叶见底。茶水不尽才能让客人慢慢饮、慢慢续。
- 在喝茶的时候，如果中途有新来的客人，那么我们需要重新泡一壶茶，烫洗新茶杯，以表示对新来客人的尊重，否则有待之不恭的意思。
- 茶叶冲泡几次后，颜色会慢慢变淡，味道也会变淡，最好更换茶叶重新泡。如果一直泡而不更换茶叶，则是对客人的冷淡。
- 在喝茶时，不要把茶碗、茶盘碰出声响，那样显得没礼貌，甚至还有挑衅主人的意思。
- 在喝茶的时候，切忌皱眉。如果皱眉，则一般表示主人泡的茶不好喝，或者不符合自己的口味，有嫌弃之意。

第9章

客户关系维护和售后服务礼仪：让你的形象更完美

9.1 成交礼仪：捕捉信号，促成交易

每个销售人员都希望自己洽谈的每一笔销售业务最终能达成交易。从循序渐进的销售过程来看，促成交易是销售过程的最高也是最后一个阶段。在这个阶段，成功的销售人员总是能够敏锐地识别出客户的潜在购买信号。从客户的语言、面部表情和一举一动上，销售人员就可以完全判断出客户是急于购买还是抵制购买。及时发现、理解和利用客户表露出来的成功信号，抓住时机提议、建议就能有效促成交易。

一般来说，客户表现出来的成交信号主要有表情信号、语言信号、动作信号、事态信号等。销售人员一定要细心观察这些信号，积极引导客户成交。怎么识别这些信号的内涵呢？

1. 表情信号

在谈判过程中，客户一般会控制自己所说的话，不会轻易透露自己真正的想法。不过，他们脸上的表情是很难掩饰的。销售人员正好可以通过这一点来了解客户的真实心理。

带有强烈购买欲望的表情信号如下。

- 频频下意识地点头，表现出感兴趣的神情，神色活跃。
- 表情由冷漠、怀疑转变为自然、大方，态度更加友好。

- 眉毛开始上扬，眼球转动速度加快。
- 嘴唇开始抿紧，好像在品味着什么。
- 造作的微笑变成自然的微笑。

有了这些表情信号，说明客户已经有了强烈的购买欲望，抓住机会提出成交要求即可促成交易。

2. 语言信号

有经验的销售人员在与客户的交谈中往往会发现的客户某些语言所流露出来的成交信号。虽然语言容易伪装，但语言信号可以从客户的询问及措辞中觉察到。例如，客户向你询问价格，有可能是对产品感兴趣，也有可能是在进行价格对比。所以，要结合客户的语速、语调来辨别其语言信息。

在销售过程中，如果出现了以下情况，则很可能是客户向你发出了成交信号。

- 客户追问很多细节，比如"可以分期付款吗""可以给我们多少折扣""售后服务如何保障"等。往往客户问得越深，成交的可能性就越大。
- 客户对销售人员的每次提问都做出积极的回应，主动提出成交条件。
- 客户对你的解说表示满意，比如，客户肯定地说："很好！这件产品真的值得购买！"

不难看出，当客户有购买意向时往往会通过一定的语言信号流露出来，销售人员有意捕捉和诱发这些语言信号，就可以顺利地促成交易。语言信号可以总结为以下几大类：

- 肯定或赞同、认同产品，认为产品很有用。
- 征询销售人员的意见，请教产品的使用方法。
- 询问购买细节、询问交货时间和限制条件等，和身边随行的人一起议论产品。
- 重复提问已经问过的问题。询问价格折扣问题，并开始讨价还价。
- 询问产品的使用性能及注意事项，询问售后服务问题。
- 询问产品的运输、存储、保管与拆装等问题。
- 对产品的包装、颜色、规格等提出修改意见与要求。

3. 动作信号

除了表情和语言外，销售人员还可以从动作信号（肢体语言）入手，解读客户的心态走向。例如，客户的坐姿由背靠转为前倾，这就是积极的信号，说明客户已经放下了戒备。

如果你的产品正好解决了客户的问题，那么客户的态度会通过某些细微动作表现出来。客户常见的有意成交的动作信号如下。

- 仔细端详产品，用手触摸产品、翻动产品，体验产品。
- 多角度观察产品，并翻看产品说明书。
- 身体前倾并靠近销售人员及产品，做出擦脸、拢发等舒展性动作。
- 客户频频点头。
- 客户出现摸口袋、找笔、看订单等行为。

4. 事态信号

事态信号是销售人员向客户推销产品时，随着形势的发展和变化所表现出来的成交信号。例如，销售人员拜访一位总经理，谈到一定程度时，总经理给采购部经理打电话，说道："张经理，你过来一下，有事要商量。"常见的事态信号如下。

- 接见人主动向销售人员介绍企业的有关负责人或高级决策人。
- 客户征求其他人的意见。
- 客户要求看销售合同书。
- 客户接受销售人员的重复约见或主动提出会面时间。

9.2　签约礼仪：客户购买的是"人"

乔·吉拉德曾说："我卖的不是我的雪佛兰汽车，我卖的是我自己。"他所保持的汽车销售世界纪录至今无人能破。在他的眼里，他销售的并不仅仅是汽车，更重要的是"销售自己"。其实，在销售任何产品之前都要先"贩卖"自己。销售人员是产品与客户之间的重要桥梁，在销售过程中，如果客户不接受你这个人，那么他还会给你介绍产品的机会吗？

即便你介绍的产品是一流的，服务是一流的，品牌与公司也是一流的，但是客户看到你不专业、不可靠的仪表形态，一听你讲的话像是外行，那么，客户还会愿意和你谈下去吗？所以，对于签约来说，客户购买的其实是你这个"人"。

1. 客户为什么会与你签约

客户之所以选择与你签约而不是与别人签约，是因为你的独特魅力。从这个角度来说，客户购买的是你这个"人"。

- 注重外在形象。穿着得体不仅是对客户的尊重，也能提升自己的自信心。
- 态度要真诚。在销售过程中，态度最为关键。虽然会遭到很多挫折与打击，但是也要保持良好的心态和情绪，生意不在人情在，今天虽不能合作，今后没准儿就与你合作了。
- 要有耐心和毅力。做销售工作其实有时候就是再坚持一点点！针对大型合作项目，你的竞争对手非常多，而且对方的公司还要层层审核、走流程，在很多时候是急不来的。
- 要注重人际关系。在交际过程中，要让客户愉悦、高兴，平时多一些关心和问候，要把客户当成你的亲人和朋友去相处。
- 要让客户信任你，有安全感。不要把利益或者利润放在第一位，更为重要的是让客户感觉与你合作很踏实、很安全。
- 打造专业形象。专业就是你解决问题的时间和速度。专业来源于日常的学习与平时工作中的积累。
- 要妥善处理利益关系。利益的大小往往决定了合作的时间长短。
- 服务要人性化、个性化。服务的形式可以灵活多变，要根据客户的需求来不断变化服务的内容和方式。

2. 与客户签约时的注意事项

- 不要轻易答应客户的要求。在很多时候，销售人员为了促成签约或达成交易，往往会轻易答应客户的要求，客户认为如此容易，便会与你不断地讨价还价。

- 将主动权掌握在自己手中。不管是签约之前还是签约之后，都要将主动权掌握在自己的手中，不能一直跟着客户的思路走，否则容易变得非常被动。
- 控制好情绪。是喜是忧，不要轻易表现出来，要保持淡定和冷静的态度去和客户签约。如果你表现得得意忘形，则会让客户觉得你占了一个大便宜。
- 适当的承诺。在签约之前，客户如果有一些顾虑，那么一定要想办法消除。可适当给予客户承诺，并体现在合同中。
- 不与客户争论。在签约的紧要关头，千万不要因为客户的一些抱怨而与客户争论，这样只会激化矛盾，导致签约失败。
- 早点告辞。为了避免客户因一时冲动而签约，在签完合同之后不要长时间逗留，以免客户悔约。

3. 特殊场合的签约仪式礼仪

- 签约仪式的准备工作：布置场地；安排签字人及随行人的座次；准备签字用具；涉外签约要摆放双方国旗；确定签字人员，准备好签约合同。
- 签约仪式的流程：有关人员就座→签字人正式签字→交换文本→共饮香槟酒，互相道贺→拍照→公证→退场。
- 礼仪方面，要注意妆容和服饰，注意仪态礼仪与社交礼仪。

9.3 致谢礼仪：不可得意忘"形"

"人家帮我，永志不忘；我帮人家，莫记心上。"这句话说明对他人给予自己的关心照顾和支持帮助，我们都要表示感谢。对于销售人员来说，学会感恩与致谢也是必备的品质，有时候对客户说一声"谢谢"，就有可能提升你的销售业绩，甚至为你带来更多忠实客户。当然，感恩与致谢一定要发自内心。

> 甲和乙都是某服装店的销售人员，这天中午没有顾客，两个人便开始聊天。

> 销售员甲:"听说今天你要接待一位重要顾客?"
>
> 销售员乙:"是啊!一个朋友说她需要100套广场舞服装,今天她会来商讨价格、款式、交货时间等细节。"
>
> 销售员甲:"你太幸运了,这个月的提成肯定少不了!"
>
> 销售员乙:"应该是的。"
>
> 销售员甲:"那你是不是该感谢人家一下?"
>
> 销售员乙:"有什么要谢的,像她这种人都是无利不起早的,从中获利估计比我的提成还多,我们是各取所需吧。"
>
> 正当他们聊得热火朝天时,销售员乙转头看到那位"无利不起早"的顾客正脸色铁青地站在她身后,说完"100套服装不要了"之后就转身离开了。

在上面这个案例中,销售员乙就是一个不知感恩的人,得罪了顾客也丢失了订单。做销售要时刻怀着感恩的心去对待客户。过河拆桥,一旦谈成订单就对客户不管不顾,当客户发现你只为了快速拿到提成时,他们的心里就会产生被利用和受轻视的感觉,交易往往就会泡汤。

致谢礼仪是情感付出的一种表现形式,遵循致谢的礼仪,既能传递你内心深处的感激之情,也能增进双方之间的交往情谊。致谢的方法多种多样,或鞠躬,或言辞致谢,或纸笔作书致谢……应在不同的场合根据不同的对象使用不同的致谢方法,才能达到增进双方友情的目的,这就是致谢的艺术。

1. 当面致谢礼仪

当面致谢多通过言辞及形体礼仪表达,其中,当面口头致谢的效果非常不错。表达感谢最重要的莫过于真心实意,此外还要注意以下几点。

(1) 致谢要具体

- 不要只是说一声"谢谢",而应说出具体的内容或者带来的好处。例如:"谢谢您帮我介绍了赵总,才达成了这笔交易。要不我这个月的业绩考核就完不成了。"

- 要表现出你理解并知晓了对方为你的付出以及做出的牺牲。不管对方为你付出的多少，都应该列举出来表示感谢。例如："您送我的这些 PPT 模板，肯定花费了不少钱吧，真的帮了我一个大忙。""我知道您最近非常忙，还特意抽出时间招待我们，引荐我们相互认识，真的非常感激。"
- 对帮助的结果表达感激之情。例如，自己过生日，对方送了一本上次提到的书作为生日礼物，你应该告诉对方，自己非常喜欢这本书，读过之后受到很多启发。

（2）恰当地使用肢体语言

- 在说感谢语的同时，要直视对方的眼睛，面带微笑，表情自然，全神贯注地展示你非常在意对方所做的一切。
- 要正面面对想要感谢的人，保持手臂张开状态，可以使用一些手势。千万不要交叉手臂，因为这样显得你非常不情愿。
- 熟人之间可有适当的肢体接触。对于朋友或家人，在致谢的时候可以拍拍手臂或肩膀，甚至是拥抱，这些肢体接触能传达出你的情绪。但对陌生人或不熟悉的人千万不能这样做。
- 必要时还应专门与对方握手或鞠躬致意。
- 有些应酬性的感谢可当众表达，个人感谢之情应于他人不在场之时表达。
- 在表示感谢时，通常要加上被感谢者的称呼，显得更加正式，比如，应该说"谢谢张总""谢谢李老师"，而不要说"谢谢你""谢谢老师"。

2. 电话致谢礼仪

电话致谢和当面致谢一样，都可以用真诚的话语亲自传达感谢，让对方听到你的声音，从中感受到你的感谢之情。电话致谢的要点如下。

- 讲话要清晰。在电话中致谢要保证你的发音清晰、准确，语速要让对方足以听清，而且周边环境也不要太吵，手机信号要好，不要中途中断。
- 一定要专心。不要在打电话致谢的时候做无关的事情，比如打扫卫生或浇花。躺着打电话或者边吃东西边打电话，对方都能感觉出来。
- 打电话的时间要合适。在对方用餐时间、休息时间都不适合打电话。太早或者太晚打电话也不合适，在早上 8:00～9:00 对方忙碌的时间也不适合打致谢电话。

- 语言要简洁明了。打致谢电话时不要闲聊，更不要拉家常。

3. 短信致谢礼仪

有时候，通过发短信致谢要比打电话致谢效率更高、效果更好，而且还节省了对方的时间。短信致谢的要点如下。

- 一定要写上对方的名字，这样看起来会更加用心，比如"谢谢你，小磊"。
- 体现真诚。例如："谢谢你会后帮我收拾东西、打扫卫生，帮了我不少忙，由衷地感谢。"
- 不要有错别字，要注意词句通顺。虽然短信形式比较随意，但也要注意语法、标点正确，别写错别字，这些细节都可以表现出你的态度。
- 不要过于热情。没必要用很多个感叹号来表达你有多么感激对方，这只会看起来非常刻意。

4. 书信致谢礼仪

以书面形式向他人表达感谢，可以使人感受到你的郑重、在意和真诚。同时，书面致谢易于保存，可以常常使人想起你的真挚情感，不断延续你与对方的友谊、感情。

书信与贺卡形式是一种较为正式和传统的致谢方式，在感激老师的教导或感激婚礼宾客的礼物等场合多采用这种形式，其礼仪要点如下。

- 要时刻保持真诚。例如："你送我的礼物我非常喜欢……""感谢老师的悉心指导，使我改变了很多……"
- 如果是给婚礼、派对或其他场合的宾客写感谢卡，可能没办法为每个人量身定做，但是可以在卡片上写上对方的昵称，对方会非常开心。
- 挑选一张有意义的卡片。如果你真心感激对方，则应该挑选一张精致、庄重的卡片来传递你的心意。
- 尽快发出书信或感谢卡，不要拖延。如果你在几周甚至数月之后才对某人的善行表示感谢，那么只会让对方觉得你一点儿都不在意这件事。

- 还可以用感谢便条。例如，在参加一些小活动后，可以写简短的便条表示感谢，"谢谢你邀请我来做客，特别感谢你美味的晚餐"。

5. 电子邮件致谢礼仪

电子邮件致谢要比感谢卡速度更快，但也要清楚地表达出你的诚恳。下面是一些如何通过电子邮件表达谢意的礼仪规范：

- 开门见山。要将"谢谢你"作为主题，比如邮件标题可以是"×××发来的感谢信"。
- 称呼要写"亲爱的×××"，结尾要写上"你最真诚的×××"。
- 要依照正式的信件格式去书写，以表现出你的认真和诚恳。
- 有必要顺便提一下致谢的理由，以免对方感到空洞或不知所措。也可以展示对方帮助的成果。
- 可以配上可爱的插图，也可以做成动画贺卡，给致谢增添色彩。

6. 常见的致谢语

- 万分感谢。多谢。
- 大恩大德，无以回报，永生难忘。
- 滴水之恩，必将涌泉相报。
- 好人有好报。
- 不胜感激。
- 辛苦您了。
- 承蒙关心，不胜感激。

9.4 客户关系维护礼仪：精益服务

《哈佛商业杂志》中的一份研究报告指出："再次光临的顾客可以为公司带来25%～85%的利润，而吸引他们再次光临的因素中，首先是服务质量的好坏，其次是商品本身的品质，最后才是价格。"由此可见，维护客户关系、强化服务有多么重要。

维护好客户关系有利于降低企业的营销成本。有统计数据表明，获取新客户的成本是维系现有客户成本的 5～8 倍。既然获取新客户的成本高且时间漫长，何不倾注更多的精力去留住客户、关怀客户，建立长期稳定的客户关系呢？

通过加强对客户关系的管理和维护，充分掌握客户资料，有效地为客户提供个性化服务，可以大大提高客户的忠诚度，使对手不易模仿，从而建立起自己的商业壁垒；可以降低企业在市场营销中的风险；还能根据客户的反馈结果制定有针对性的营销策略，提高市场竞争力，提高经济效益。

对于服务的重要性，在销售界也有多种言论，比如"顾客后还有顾客，服务的开始才是销售的开始""用心服务，才有获得交口称赞的权利"。

那么，客户关系该如何维护？客户关系的发展是一个循序渐进的过程，一般包括四个阶段，即客户开发阶段、初期合作阶段、稳定合作阶段和战略合作阶段。在任何一个阶段，都会发生客户关系停滞、倒退的可能性。当出现紧张的客户关系时，一定要采取合适的修补措施恢复关系。

- 在客户开发阶段，基本与客户无业务往来。这一阶段需要等待机会，寻找最佳切入点。需要与客户建立信任关系，给对方提供利益。

- 在初期合作阶段，买卖双方会建立起初步的信任关系，客户仍会选择其他公司的业务及服务。这一阶段需要多角度、全方位地建立与客户的关系，让客户感知的服务高于期望的服务，客户就会感到很满意。

- 在稳定合作阶段，买卖双方有了更广泛的合作，建立了忠诚度，但客户为了安全和保持竞争，还会引入其他次要供应商。

- 在战略合作阶段，双方确立了战略合作伙伴关系，你已经成为客户的战略供应商。

1. 客户流失的原因分析

- 对客户漠不关心或事前准备不充分，比如，对客户提出的需求不予理会，拜访客户前的资料准备不充分。

- 自己不做主。面对客户的问题或者压价，一直告诉客户要请示上级，这样会失去你在客户心目中的价值与信任感。
- 浪费客户时间。与客户沟通的机会是非常宝贵的，要珍惜与客户谈话的每一分钟。
- 新品已经上市，但销售的是过时产品，客户有知情权，要尊重客户的这项权利，让客户自行选择。
- 隐瞒产品使用时的注意事项，或者有优惠活动不告知客户。
- 频繁改变交易方式，这会令客户反感。
- 不履行承诺。比如承诺给客户的赠品或者折扣没有实现，客户肯定不愿意交易，因为没有任何一个客户愿意和没有诚信的销售人员长期合作。
- 极力夸奖自身的产品或服务，或者给客户带来的利益，而贬低同行产品，这样会让客户产生不信任感。
- 交易后不理睬客户。交易后应及时致电客户，告知其使用时的注意事项及售后服务方法，这样才能建立长期合作关系。
- 不接客户电话或不回复邮件，尤其当问题发生时，拒绝客户与你联系，这注定会丧失未来的合作关系。不要忘了，细节也是每个销售过程成功与否的关键因素。

2. 精益服务的技巧

客户关系维护的目的在于巩固与客户的关系，维护双方的合作利益，实现战略合作，实现双方的共赢。下面这些要点可以帮你实现精益服务：

（1）尊重客户

每个人都需要被尊重与认同，客户也是如此。对于达成的交易或合作要心怀感激，表达感谢。对于客户的失误甚至过错，要表现出宽容，并立即共同研究探讨补救及解决方案，这样客户会非常感激你。

（2）时刻替客户着想

合作一定要追求双赢，不能只顾自己的利益。不要把客户不需要的产品卖给他，要减少客户不必要的开支，因为对方也是要和上级交差的。

（3）有原则、有诚信

信守原则的人最容易赢得客户的尊重与信任。要让客户明白，满足客户的某种需要是有条件的，而且是在坚持一定原则下才能满足的。例如，适当地增加某些服务是可以接受的，但损害公司及他人利益的事情绝不能答应。

（4）不为难客户

当客户有为难之处时，一定要体谅对方，不要让客户为难。例如，客户正在做其他事情不方便面谈，你就要马上停止洽谈，告诉对方不管怎样都非常感谢他。你的善解人意会让客户觉得很抱歉甚至内疚，这样下次一有机会他就会想起你，并且可能会补偿你。

（5）有时候可以退一步换取客户的认同

在很多时候，销售人员在沟通中都扮演着"进攻者"的角色，但高明的销售人员会有意或无意地使用一些让步的方式来换取客户的认同。例如，在保证利润的前提下价格可适当让步，或者根据客户的要求寻求折中方案。

（6）升级到朋友关系比合作关系更高明

不要一直把客户定位在合作关系，升级到朋友关系才是高明的销售人员的目标，通过销售之外的一些小事情往往更容易实现这一目标。例如，客户想认识某个人，你帮客户引荐；客户需要某些资料却找不到，你帮客户找到了……这样，你与客户之间的关系就不仅仅是合作关系了，而变成了朋友关系，以后遇到好机会，客户首先想到的就是你。

（7）销售收尾的技巧

产品卖出去了，与客户的合作就终结了，这可是一个巨大的错误。这次生意结束正是创造下一次机会的最好时机，可以送给客户一些合适的小礼品，如果条件允许，还可以给客户一点儿意外的实惠，这样客户与你的关系会更加紧密。

（8）问候也很重要

定期给客户送去一声问候或者祝福，让客户时时能感受到你作为一个朋友的关怀与体贴。例如，每逢节日都给客户送去一声温馨的问候与祝福，会让客户觉得你是真正地关心他。对于重要客户还可以带上一些小礼品上门拜访问候，对于关键客户还可以发出宴请。所以，平时积累客户资料、建立客户档案很有必要，对客户的生日、家庭住址、爱好等信息都要掌握，这对你的人际关系处理很有用处。

（9）赢得客户信任的法宝

良好的客户关系来自用心经营。合作追求的是共同利益，让你和客户之间的利益实现最大化，是维护客户关系的中心。如果没有了共同利益，那么客户就会悄悄流失。另外，对待客户要真诚，招待要热情，让客户对你心存感激之情，这样的客户才是你的忠诚客户。

9.5 售后服务礼仪，本身也是一种促销手段

在销售界有两句名言："售后服务是无声的营销。""售后服务并不是营销的结束，而是一个新的开始。"对于高明的企业来说，售后服务并不是简单地解决产品或服务中出现的各种问题，售后服务本身也可以作为一种促销手段，为二次销售做铺垫。销售人员可以通过完善甚至完美的售后服务提高企业的信誉，通过口碑宣传，为销售打下坚实的基础。

希尔顿酒店通过顾客的留言及建议来改进自身的服务，更加重视售后服务，这也是希尔顿酒店成为百年品牌企业的一大重要原因。

"真正的销售始于售后"，在成交之后，销售人员能够关心顾客，向顾客提供良好的售后服务，这样既能够留住老顾客，又够能吸引新顾客。你的服务令顾客满意，顾客就会再次光临，并且会给你推荐新的顾客。

"你忘记顾客，顾客也会忘记你"，这是很多成功推销员的格言。成交之后继续不断地关心顾客，了解他们对产品的满意程度，虚心听取他们的意见，对产品和销售过程中存在的问题及时采取积极的弥补措施，更能赢得客户的信任。

1. 售后服务是营销的开始

在市场经济日渐成熟的今天，售后服务直接关系着消费者的再次购买和对周围消费者购买意向的引导。也就是说，售后服务直接影响着口碑，而口

碑又关系到品牌形象的确立，影响着企业的销售，关系到一家企业的生存与发展。

试想一下，家里刚刚购买了某品牌的互联网电视，刚使用两个月就出现了问题，联系厂家反馈问题后，耗时半个多月才完成这次售后服务，但售后并没有为客户换新，而仅仅对问题电视进行了维修。面对这一品牌电视的质量及低效的售后服务，你肯定会到微博、朋友圈等社交媒体上发出抱怨，而且绝对会劝身边的亲朋好友千万不要买这一品牌的电视。但是，如果该品牌在48小时之内就帮你换了一台新电视，那么你肯定会对这种服务大加称赞，甚至会推荐身边的亲朋好友也购买这一品牌的电视。

对于一家企业来说，最吸引消费者的是什么？有人说是产品，有人说是品牌形象，其实最吸引消费者的是服务。德国大众汽车流传着这样一句话：对一个家庭来说，第一辆车是销售人员销售出去的，而第二辆、第三辆车乃至更多的车都是服务人员销售出去的。从这个角度来说，服务的本质就是销售。

2.成功的售后服务让你更具优势

有的企业及品牌方认为售后服务代价高昂，可有可无，纷纷在售后服务方面"偷工减料"。这些做法都是错误的。在竞争高度激烈的今天，没有一种产品会远远超过竞争对手，但是优质的服务却可以区分两家企业或同一产品的不同品牌。一旦你为客户提供了优质的服务，你就会比竞争对手更具优势。

做好售后服务，能降低客户流失率，增加客户的信赖感，增加购买量。成功的售后服务还会令客户感动，让客户成为你的终身用户。

3.让售后服务成为持续交易的基础

客户的要求越来越多、越来越高、越来越细致，那么，如何做好售后服务呢？下面这几种方法都比较有效。

（1）改变观念，提升服务品质

- 销售就是服务，用心服务是最好的销售。
- 售后服务能与客户增进感情，为下一步的合作打下基础。

- 建立规范的售后服务职责，要监督到位、落实责任、奖罚分明。
- 首问负责制很有必要。对于消费者反映的问题，要限时解决，要一通电话就解决所有问题，售后人员要负责到底，直到消费者满意为止。

（2）与客户建立连接

与客户建立连接，提供更好的服务，坎多尔弗的做法值得我们学习与借鉴。

（3）形象与价格公示

良好的形象可以增进客户的信赖感，也是对客户的尊重。除了装修风格和售后服务人员着装统一外，服务价格、配件价格都应该在官方网站、公众号及店面里公示。

（4）选用高素质的售后服务人员

很难想象一位满腹怨言的售后服务人员能提供优质的服务。因为每位客户都喜欢热情、积极、善于倾听、能够解决问题的服务人员，高素质的售后服务人员可以有效弥补之前工作的不足。当然，正确处理售后的流程也很重要。

（5）处理客户抱怨的方法

不要粗鲁地对待客户的抱怨，因为这样的客户往往是你永久的买主。松下幸之助曾说："客户的批评意见应被视为神圣的语言，对于任何批评意见都应乐于接受。"倾听客户的不满是销售工作的一部分，正确处理客户的抱怨能够吸引客户。

对客户的抱怨不加理睬或错误处理，只会使销售人员丢失客户。一位学者曾在一篇文章中写道："在工商界，销售人员由于对客户的抱怨不加理睬而失去了82%的客户。"

- 仔细倾听，尽量让客户畅所欲言，把所有的怨愤都发泄出来。如果打断客户的话而为自己辩解，则无疑是火上浇油。
- 处理客户抱怨的原则是：站在客观的立场上，找出事实的真相，公平处理。
- 迅速采取行动解决问题，因为拖延处理会导致客户产生新的抱怨。此外，还可以适当补偿客户。

9.6 探病礼仪：莫让好意变坏事

拜访是一门学问，看望病人则是一门艺术。当客户、领导或同事、亲友生病时，前去探望、慰问是人之常情，也是一种礼节。看望病人如果不注意礼仪细节，就会影响到病人的身心健康，也会影响人际关系。

> 陈强是一家建筑装饰公司的经理，前几天因病住院并做了一个小手术。与其有业务往来的建材企业经理王婷闻讯后赶到医院去看望陈强。当天，王婷穿着鲜艳的衣服并浓妆艳抹，还喷了香水。在病房里，她时不时整理衣角、照照镜子，说话的声音也很洪亮，生怕别人听不见。她的打扮和装束让正在陪床的陈强妻子感到很不舒服。

在上面这个案例中，王婷的打扮与举动有些不妥，没有照顾到病人的感受。另外，对方刚做完手术，非常虚弱，正在休养，家人并不希望亲朋来探望。王婷没有详细了解病人的病情，也没有提前打招呼就直奔病房，其很多做法都是有失礼节的。探望病人也有很多礼节要注意。

1. 了解病情及做好准备工作

- 在探望病人之前，应当对病人所患的疾病和病情有所了解。例如，病人得的是什么病，病情重不重，治疗情况如何，病人的心理和情绪怎样，是否可以探望等。
- 如果病人刚刚做完手术不久，十分虚弱，或者正在抢救之中，那么其家人一般也不希望探病者贸然前往。
- 要弄清楚病人住在什么医院、什么病区和几号病床，还要了解医院允许探望病人的时间。
- 要准备一些礼品送给病人。

2. 探病礼物的选择

- 按照习俗，探望病人要携带一些礼物。但是，礼物的挑选要注意视病人的病情而定，不可随随便便。不要送一些病人忌讳或华而不实的东西。

- 要根据病人的身份、职位、性别、疾病种类等信息选择合适的礼物。
- 探病的礼品大致有鲜花、水果及食品等，其中，以水果和鲜花居多。
- 不要选择黄色或白色的花，也不要送盆花。最好打听一下病人及病房是否允许送鲜花。送花也要注意场合和含义，最好选择香味比较淡雅的鲜花，因为浓郁的花香会使体弱的病人感到不舒服。
- 礼物应更多地注重精神效应，比如，可以送有趣的画册或图书，让病人的心灵获得慰藉。
- 事先了解病人能吃什么、喜欢吃什么。如果病人没有被限制饮食，则可以送病人平日喜爱吃的食物。

3. 选择适当的探望时机

- 提前预约。探望病人一定要提前预约，了解清楚探视时间和病人接受治疗的情况后再去探望。
- 要准时到达。在住院期间，病人的生活相当规律，在探望病人时，我们一定要准时到达，严格按照约定的时间去看望，避免影响病人休息或者耽误病人接受治疗。
- 尽量避开病人休息、用餐和治疗的时间。由于病人的饮食和睡眠比常人更为重要，所以不宜在早晨、中午、深夜及病人吃饭或休息时间前往探视。
- 若病人正在休息，则应不予打扰，可等候一会儿或留言相告。
- 探望时间不宜过久，一般以15分钟左右为宜，最长不要超过半小时，时间过长会影响病人休息。
- 忌病人住院后立即探望。最好先确认对方病情，确定对方能够接受探望后再约定探望时间。

4. 探望病人的礼仪

- 探望病人时要以适当的方法对病人表现出体谅与同情。
- 衣着要整洁，不要穿富有刺激性色彩的衣服。走路要轻，不要打扰其他病人的休息。

- 进入病房时，表情应自然，切忌哭泣，以免影响病人及其家属的心情，同时应讲一些体恤家属辛苦的话。
- 交谈内容不宜谈论刺激病人的人或事，以免病人情绪反应过度，影响病情。
- 谈话时音量要适中，以免妨碍其他病人。慰问病人应该说一些充满希望的话，给予病人鼓励。
- 不要坐在病床上，以免令病人产生不舒服的感受。
- 当自己身体不适时，比如感冒时，最好不要去探望病人，以免把病菌传染给病人，加重病情。
- 当有他人来探视时，自己应适时告辞。
- 若有必要并且有可能，还应当给予慰问对象力所能及的帮助。
- 不要向病人介绍道听途说的偏方、秘方，不要随机推荐药物。
- 在离开病房时，要使病人保持愉快而乐观的情绪，祝福病人早日康复。

9.7 投诉处理的礼仪规范

当客户对商品或服务表示不满时，往往会产生投诉。要想迅速解决客户投诉的问题，使双方都满意，就要懂得接待投诉及处理投诉的礼仪、方法与技巧。

一项统计调查显示，一个投诉不满的客户背后有 25 个不满的客户，其中会有 24 个客户不满但并不投诉，会有六个客户面临严重问题但未发出抱怨声；一个不满的客户还会把他糟糕的经历告诉 10～20 人；投诉者比不投诉者更愿意继续与公司保持关系；投诉者的问题如果得到解决，则会有 60% 的投诉者愿与公司保持关系；如果迅速得到解决，则会有 90%～95% 的客户愿与公司保持关系。这些数据反映了投诉处理不当带来的可怕后果、严重危害及快速处理客户投诉的积极效果。所以，企业一定要重视投诉并迅速解决客户投诉的问题。

> 海尔集团在多年前推出一款"小小神童"洗衣机，可能由于设计问题导致客户投诉很多。面对问题，海尔承诺客户"接到投诉电话以后，24小时之内进行上门维修"，个别客户购买的洗衣机经过两三次上门维修，问题才得以解决。
>
> 面对如此高的返修率及两三次的维修历程，客户是不是非常不满意？经过调查，很多客户这样说："任何一个新产品的上市都会存在这样或那样的问题，对海尔的服务，我们是非常满意的。"因为客户感受到了海尔对自己的尊重和重视。

在现实中，有很多企业害怕客户投诉甚至回避投诉，这样做都是不对的。客户投诉意味着客户对企业和品牌非常信任，而且投诉也是企业完善产品或提升服务的绝佳时机，能帮助企业发现问题、改善经营。如果能够妥善处理投诉，则还可以挽回客户对企业的信任，成为忠实客户。所以投诉的客户其实是朋友而不是敌人。

在上面的案例中，海尔就非常重视客户的投诉，并在投诉中不断改进产品质量与服务水平，才使得消费者继续保持了对海尔品牌的信任，这也是海尔不断壮大的一个重要原因。如果企业不能高效处理投诉问题，就会让客户对品牌失去信任。

1. 客户投诉的原因

在解决客户投诉之前，要明白客户为什么会投诉。一般有如下几个原因。
- 产品质量存在问题。
- 服务质量存在问题，比如，待客不主动、不热情，对客户的要求视而不见，没有完成客户交代的事情等。
- 未能兑现服务承诺，客户的期望值没有得到满足。
- 客户周围人员的评价、客户自身的修养或性格问题等。

2. 客户投诉的心理分析

客户在抱怨及投诉时，主要有以下三种心理表现。

- 求尊重的心理。在销售或服务过程中不尊重客户，客户感觉受到了怠慢就会投诉。投诉是为了找回尊严，希望得到同情与尊重，希望有关人员重视他们的意见，表示歉意并采取处理措施。
- 求平衡的心理。当客户遇到烦恼的事情之后，感到心理不平衡，会认为自己受到了不公平的待遇，想采用投诉的方式把心里的怨气发泄出来。
- 求补偿的心理。在销售或服务过程中，由于失误给客户造成物质上的损失或精神上的伤害，客户也会采用投诉的方式寻求补偿，这也是普遍的心理现象。

3. 正确处理客户投诉的礼仪与原则

- 先处理情感，后处理事件。客户投诉时心情肯定很差，需要我们先耐心倾听，解决好情感问题后再去解决遇到的实际问题。
- 及时原则。对待投诉要及时做出反应，并在规定的时间内进行有效处理，不能及时处理完毕的应按时跟进，并及时反馈给客户。
- 认真倾听，耐心倾听。很多客户投诉是发泄性的，情绪很不稳定，一旦发生争论，只会火上浇油，适得其反。所以，在处理投诉时必须耐心地倾听客户的抱怨，不要与其争辩。只有认真听取客户的抱怨，才能发现真正的问题所在。
- 诚信原则与专业原则。注重承诺和契约，有诺必践，对客户的承诺一定要做到，注意不要承诺能力以外的事情，也不要轻易承诺结果。另外，要有专人和专业团队来处理客户投诉，还要以专业标准来要求，这样可以维护公司的专业形象。
- 要迅速采取行动。对于客户的投诉一定要付诸行动，不能敷衍了事，要迅速地给出解决方案，有效平息客户的抱怨。
- 站在客户的立场上解决问题。漠视客户的痛苦是处理客户投诉的大忌，所以，一定要站在客户的立场上思考客户遇到的问题，诚心诚意地表示理解和同情。

4. 处理客户投诉的主要步骤

第一步，接待并致歉。接到客户投诉后，无论投诉的问题是否被证实，都应该先表示歉意，以稳定客户的情绪。

第二步，倾听客户的意见。让客户能够充分表达心中的不满，弄清楚客户抱怨的内容，了解客户的诉求。

第三步，复述与理解客户投诉的内容。记录客户投诉的要点，复述投诉的内容及诉求，从而判断投诉是否成立。

第四步，提出解决方案并处理。如果证实客户投诉是由于企业自身原因造成的，就要提出切实可行的解决办法，告知客户，并迅速交代给相关部门处理。

第五步，满意度确认与跟踪服务。当切实解决了客户投诉之后，还需要跟踪服务，以明确客户对投诉解决方案是否满意。如果客户还有不满，则仍需要继续改进。

5. 投诉处理的听、说、问技巧

（1）听的技巧

- 认真听，不要打断客户。切忌走神和假装听。要站在客户的角度倾听，学会用耐心、关心去倾听，不要带有个人感情色彩。
- 适当做出认同和理解的回应。
- 必要时可以复核客户遇到的问题。切忌揣测。
- 听取重要的论点，记录关键的信息。
- 听的过程中要思考，寻找解决方案。

（2）说的技巧

- 一定要用礼貌、客气的语气说。交流要真诚。
- 有理让三分，无理也要道歉。
- 想好了有效的解决方案后再说。
- 不要用挑逗性的言语，尽量不用否定的语气。
- 适当赞美，不评价，不贬低。

- 重复问题的重点，确保客户理解。

（3）问的技巧
- 一定要关心地问。
- 不要重复地问客户同一个问题。
- 交办要有效，还要有跟进。
- 要以终为始，为结果负责。

6. 处理客户投诉的注意事项

- 要有耐心。要耐心地倾听客户的抱怨，鼓励客户倾诉，让客户尽情宣泄心中的不满。当客户发泄完之后，就能够比较自然地听你的解释与道歉了。

- 态度要友好。如果在处理投诉的过程中态度不友好，则会恶化与客户之间的关系。如果态度诚恳、热情礼貌，则会降低客户的抵触情绪。

- 处理要迅速。这样可以让客户感觉到被尊重，也能表示解决问题的诚意，还可防止负面信息扩散。

- 语言要得体。客户对产品或服务不满，在陈述中可能会言语过激，如果与之针锋相对，势必会恶化彼此的关系。所以，在沟通过程中要尽量使用婉转的语言。

- 重视要多一点。每个客户都希望自己的问题得到重视，处理问题人员的层次会影响客户的情绪。如果高层次的领导能亲自处理问题或亲自打电话慰问，那么对化解客户的怨气和不满会有很大帮助。所以，如果条件允许，则应尽可能让高一级别的人员来处理问题。

- 补偿可以多一点。客户投诉在很大程度上是因为他们的利益受损，往往希望得到物质上或精神上的补偿。如果能让客户得到额外的补偿，则一定会重建他们对品牌的信心。

- 办法还可以多一点。例如：除了可以给客户道歉或补偿产品、赠送小礼品外，有实力的企业或品牌还可以邀请客户参观工厂，或者邀请客户参加一些内部讨论会或者新品体验会，更能增加客户的忠实度。

7. 要避免的处理投诉的 7 种错误方式

- 只有言语道歉而没有进一步行动。
- 把问题及错误都归咎到客户身上。
- 虚假承诺或做出承诺却没有实现。
- 反应不及时或完全没反应。
- 逃避责任。
- 质问客户。
- 忽视客户的情感需求。